Wolfgang Langmesser

Landschafts-Modellbau heute

Eisenbahn-
Fachbuch-
Verlag

Danke an

Dr. Christoph Kutter, der mich an die Schreiberei herangeführt hat und mir immer beratend zur Seite steht;

Karl-Heinz Haug, der mir das Fotografieren beigebracht hat;

Rolf Knipper, der mir die Regeln der Eisenbahn erklärt hat;

Meine Frau Cornelia, die mich während der heißen Phase unterstützt und die Modellbäume angefertigt hat;

Rainer Scholz und Reinhold Swienty, die als engangierte Modellbahner immer wieder auf die „Allgemeinverständlichkeit" des Textes hingewiesen haben und

Michael Resch, der mich ermutigt hat, dieses Buch zu schreiben.

24 3-9807748-7-2

© Eisenbahn-Fachbuch-Verlag, Meilschnitzer Straße 36, 96465 Neustadt/Coburg

Telefon 09568/891098, Telefax 09568/891316

www.eisenbahnfachbuch.de

1. Auflage, September 2005

Alle Rechte, auch die des auszugsweisen Nachdrucks oder Vervielfältigung, ausdrücklich vorbehalten.

Herstellung: Resch-Druck&Verlag e.K., von-Mayer-Straße 4, 96450 Coburg

Inhaltsverzeichnis

Vorwort .... Seite 5

Entwurf des Dioramas .... Seite 7

Der Landschaftsbau aus Styrodur .... Seite 11

Straßen, Wege, Plätze, Trasse .... Seite 25

Mauerwerke, Unterführungen, Wasserdurchlässe .... Seite 39

Steine und Felsen .... Seite 47

Gewässer, Feuerlöschteich, Weiher, Bachlauf, Wehr .... Seite 59

Die Natur in ihrer Vielfalt .... Seite 75

Ein Hang wird Grün .... Seite 105

Felder und Weiden .... Seite 111

Gebäude und ihre Umgebung .... Seite 125

Die Geschichte der Anlage .... Seite 143

Vorwort

Bauen Sie auch so gerne Landschaften und detaillieren diese bis zum Exzess? Mir geht es jedenfalls so, obwohl die Technik, eben auch unter der Anlagen, zwangsläufig sein muss. Aber wenn es um die Ausgestaltung geht, findet man kaum ein Ende. Sie wissen aber nun nicht so genau, wie dies alles perfekt auf dem Stand der Zeit realisiert werden kann? Vieles haben Sie über „Superanlagen" in der Fachpresse sehen und lesen können. Wie geht das aber alles zusammen? Dann ist das vorliegende Buch absolut richtig bei Ihnen, lieber Leser, angekommen. Ohne einen gewissen Hang zur Natur kommt man natürlich nicht aus. Es geht dabei vor allem um das Beobachten noch so kleinster Szenen, um das Einfühlungsvermögen bei Farben und eine räumliche Darstellung, wie alles dies später auf der Anlage aussehen könnte. Nun kann ich bereits auf einige Erfahrung zurückblicken und manches fällt mir dadurch leichter. Dennoch, die erste Begegnung mit Wolfgang Langmesser mutierte schon zur Offenbarung. Hier baut einer Landschaft der es kann. Zudem verwendet er Materialien, die aufgrund der vermeintlichen astronomischen Preise und unsteten Liefermöglichkeiten gar nicht in die Budgetplanung (m)einer Modellbahnprojekte einfließen konnten. Auch in dieser Hinsicht war unser Kontakt sehr hilfreich. Zum einen ist das Material (erstaunlich) erschwinglich und daher absolut konkurrenzfähig gegenüber Mitanbietern und vor allem ist es auch lieferbar. Hier tut sich das Ehepaar Langmesser insbesondere hervor: Mit ihrem Label „Langmesser-Modellwelt ...wie in echt" vertreiben die quirligen Niederrheiner aus Willich alles, was man für den Bau perfekter Landschaften benötigt. Insofern ein Glücksfall, denn wo sind solche Konstellationen in der Branche schon präsent. Tröstlich war es sicher, dass neben Produkten von MiniNatur auch ganz „gewöhnliche" aus dem Laden von nebenan, ich denke hier an Heki oder Noch, verwendet wurden. Also so ganz elitär ist die Sache eben auch nicht; soll es auch gar nicht sein, denn Wolfgang Langmesser möchte den breiten Modellbahnerkreis ansprechen, endlich seine Anlagen aus dem Rohbaustadium optisch zu perfektionieren. Wer nun handwerklich seinen Rohbau, natürlich auch betriebsbereit, vollendet hat, dürfte genauso gut von diesem Buch angesprochen werden. Für Anfänger und Fortgeschrittenen, diese Publikation ist für alle da und genau auch so ist der Bau in Wort und Bild dokumentiert worden. Die „Eisenbahn" an sich spielt zwangsläufig eher eine Nebenrolle, denn die Miniaturwelten drumherum stehen im Vordergrund. So wundert es nicht, das bisweilen nur ein Gleis oder hier und dort ein Weiche in das Blickfeld rücken. Die Gestaltungswut von Wolfgang Langemesser hingegen kennt keine Grenzen. Alles, aber auch wirklich alles, ist darstellbar - so seine Meinung. Wie in echt muss es auch aussehen und dieses tut es dann auch. Sie können sich auf den nächsten Seiten bis zum Schlusswort selber davon überzeugen. Der Bahndammbau mit Wildwuchs, ein hoch stehendes Getreidefeld oder die Gestaltung einer Kuhwiese mit Hinterlassenschaften der Rindviecher, nichts ist unmöglich, aber alles machbar. Nicht nur die Landschaft an sich wird beschrieben, sondern auch das Einpassen der Gebäude aus Resin in die Umgebung. Kein Wunder, denn entsprechende Bausätze, wie z.B. das neue Stauwehr, sind mit im Vertrieb. Stepp by Stepp heißt das Zauberwort und daher hat sich der Autor ganz an diese Maxime gehalten. Neben den immer erforderlichen Worten werden diese zusätzlich durch erstklassige Fotos ergänzt. Der berühmte Comicstrip lässt grüßen und dies ist ganz positiv gemeint. Erinnern Sie sich noch, so mancher Lehrer riet den verzweifelten Eltern die Deutschnoten mittels dieser Bildheftchen nebst Sprechblasen zu optimieren. Es ist bei dieser Publikation im Prinzip gar nicht anderes. Aufgrund der vielen Nachfragen auf Ausstellungen und im Rahmen von Seminaren weiß Wolfgang Langmesser wo der Schuh drückt. Somit wird manches Thema ein wenig mehr und ein anders vielleicht nicht so episch breit behandelt. Vor allem schließt sich aufgrund einer einmal angeeigneten Handhabung, oder auch Handling wie es so schön heute heißt, Schritt für Schritt an. Die Techniken muss man nur verinnerlicht haben und vieles läuft dann qua sie zwangsläufig an einer roten Schnur ab. Falls Sie einmal beim Bauen an sich selber zweifeln, machen Sie es wie Wolfgang Langmesser; in der Natur umschauen - sie ist immer noch der beste Lehrmeister. Übrigens, weder der Autor noch der Schreiber diese Zeilen lernten bis da to aus. Seien Sie vergewissert, ohne eine fortlaufende Wissensaufnahme wären die gezeigten Ergebnisse nicht möglich. Seien Sie auch nicht verdrossen, wenn einmal etwas schief geht - alles kein Problem. Die hier gezeigten Techniken und Materialauswahl sind sicher adäquat um schnell und optimal an sein Ziel zu kommen. Das berüchtigte

Lehrgeld können Sie sich also sparen. Das hat der Autor, wenn Sie so wollen, bereits aus der eigenen Tasche gezahlt. Ich erlaube mir, ganz persönlich dies auch noch einmal dick zu unterstreichen: kein Meister ist bisher vom Himmel gefallen. Aber von den meisterlichen Exkursen Wolfgang Langmessers lässt sich viel, wenn nicht sogar sehr viel, übernehmen. Dann wird auch Ihre Anlage später „wie in echt aussehen"; wetten dass?

Rolf Knipper

Da das vorliegende Buch sich hauptsächlich mit dem Thema „Modell-Landschaft" befasst, sind die Vorarbeiten, wie Planung, Rohbau, Gleisverlegung und Steuerung nur sehr kurz im ersten Kapitel abgehandelt. Über diese Themen ist schon so viel geschrieben worden, dass es in dieser Publikation den Rahmen sprengen und nur eine weitere Wiederholung von bekannten Methoden darstellen würde.

Hinweis:

Da wir unser Hobby meistens in geschlossenen Räumen ausüben, wurde Wert darauf gelegt, dass nach Möglichkeit lösungsmittelfreie Materialien verwendet werden.

Alle in diesem Buch vorgestellten Techniken sind vom Verfasser erprobt, bzw. selbst entwickelt worden.

Entwurf des Dioramas

Welches Thema wählt man für ein Diorama, dass die Grundlage für ein Buch über Landschaftsgestaltung werden soll? Klar, ein landschaftsbetontes; aber Eisenbahn sollte auch dabei sein. In den Vorgesprächen zu diesem Buch mit dem Verleger, Herrn Resch, wurde von diesem der Wunsch geäußert, das Diorama später auch auf Ausstellungen und Messen zu zeigen, wobei ein, wenn auch nur geringer, Fahrbetrieb möglich sein müsste. Einfach nur eine Lok von rechts nach links und umgekehrt fahren zu lassen wäre zu wenig gewesen, für einen Bahnhof hätte der vorgegebene Platz nicht ausgereicht, also blieb nur das von einer Nebenstrecke abzweigende Anschluss-Gleis.

Obwohl ich schon viele Dioramen geplant und gebaut habe, verfalle ich doch immer wieder in den Standardfehler: Viel zu viel darstellen zu wollen! In diversen Artikeln für Fachzeitschriften habe ich immer wieder darauf hingewiesen, dass Weniger Mehr ist.

Nachdem einige Skizzen mich immer weiter auf den Boden der Tatsachen zurückgebracht hatten, entstand die Idee mit der ländlichen Brauerei und dem angegliederten Kühlhaus.

Unser Modell-Brauerei-Besitzer hat schon sehr früh erkannt, dass ein eigenes Kühlhaus nicht nur für die Bierproduktion von Vorteil ist, sondern dass sich Stangeneis ebenfalls gut verkaufen lässt. Somit macht ein eigener Bahnanschluss Sinn. Ein Brauerei-Ausschank mit Biergarten sorgt für „Leben" in diesem Bereich und bietet die Möglichkeit, einige Szenen zusätzlich zu zeigen. Die zum kleinen Ort außerhalb des Dioramas führende Straße, hinter der Brauerei, erhält den typisch fränkischen Biergarten mit Brauerei-Ausschank. Somit war der linke Teil des Szenarios bereits geplant.

Da unter Anderem gezeigt werden soll, wie Felder, Weiden und Feldwege zu gestalten sind, ergab sich zwangsläufig die Notwendigkeit, einen kleinen Bauernhof mit allen erforderlichen Gebäuden vorzusehen. Da auf dem linken Anlagenteil schon die Brauerei mit dem Biergarten ihren Platz gefunden hatte und im mittleren Teil die Landschaft mit den diversen Feldern dominieren sollte, blieb als Standort nur der rechte Teil. Ein Feldweg, der sich zwischen den Feldern schlängelt, verbindet den Bauernhof mit der geplanten Asphaltstrasse.

Am rechten und linken Rand mussten jetzt nur noch optische Hindernisse geplant werden, hinter denen die kleine Lok mit ihren maximal 2 Waggons verschwinden kann. Die einfachste Lösung, ein Tunnel, würde die Gelegenheit bieten, Felsen und deren glaubwürdige Umsetzung ins Modell zu zeigen. Jedoch dies auf beiden Seiten? Es gibt mehrere Alternativen: dichte Bebauung, hinter der die Strecke verschwinden kann; ein Taleinschnitt, in dem die Bahn sich den Blicken entzieht; eine sehr breite Brücke, welche die Trasse kreuzt oder ein dichter Wald. Da ebenfalls Wald- und Waldrandgestaltung in diesem Buch gezeigt werden sollten, war die Entscheidung gefallen. Hinter dem Bauernhof auf der rechten Seite der Anlage wird also die Trasse im Wald verschwinden.

Nachdem soweit das Thema gefunden war, stand die nächste Entscheidung an: In welcher Epoche, besser noch in welchem Jahr, soll die Anlage oder das Diorama angesiedelt werden? Nicht nur der Fahrzeugpark auf den Gleisen, die Autos, die landwirtschaftlichen Geräte sowie die Figuren und die gesamte restliche Ausstattung richtet sich schließlich danach. Im vorliegenden Fall habe ich mich für den Beginn der 60er Jahre entschieden.

Welche Jahreszeit soll dargestellt werden? Leider machen sich viel zu wenig Modellbauer darüber Gedanken, was dazu führt, dass viele Modell-Landschaften spielzeughaft aussehen. Auf vielen Modellbahnausstellungen und leider auch in vielen Beiträgen diverser Publikationen sieht man abschreckende Beispiele. Da wächst neben einem blühenden Obstbaum ein mit bunten Blättern auf Herbst getrimmtes Gewächs, bei den Wiesen findet man neben grellgrünen Frühlingsfarben über mittelgrüne Sommerfärbung gleich verdorrtes Herbstgras. Der Grund ist ganz einfach: schön bunt soll es aussehen; es wird verwendet, was der Zubehörmarkt hergibt. Teilweise beruhen solche Fehlgriffe jedoch auf Gedankenlosigkeit oder nicht genug Beschäftigung mit der realen Natur. In meinen Seminaren über Modell-Landschaftsbau beginne ich zum Beispiel immer mit einem Dia-Vortrag über die Natur im Wandel der Jahreszeiten; ich nenne dies „das Auge schulen". Die Natur ist in Ihren Farben harmonisch! Mit Ausnahme von manchmal sehr grellen Blumen, man denke hier nur an den Klatschmohn am Rand von Feldern, sind niemals so genannte reine Farben anzutreffen. Selbstverständlich findet man ein sattes Wiesengrün neben einer ockerfarbenen, verdorrten Wiese; jedoch nur, wenn die eine Wiese erst vor kurzem frisch gemäht wurde! Anders sieht es aus, wenn auf einem Hang mit Südlage das Gras verwelkt ist, aber einige Meter tiefer ein Bachlauf mit Weidenbestand für Schatten und Feuchtigkeit sorgt und das Gras in sattem frischen Grün dem Auge schmeichelt. Die Übergänge zwischen den unterschiedlichen Vegetationszonen müssen in dem Fall äußerst sorgfältig ausgeführt werden, sonnst schlägt der gewünschte Effekt sehr schnell ins Gegenteil um.

Für diese Buch habe ich mich für Ende Juli / Anfang August entschieden. So können die verschiedenen möglichen Farben der Bodenbegrünung und gleichzeitig die Felder in ihren unterschiedlichen Zuständen gezeigt werden.

Ebenfalls scheint es mir wichtig, den Wochentag bei der Planung festzulegen. Schließlich macht es nicht viel Sinn, wenn Ausflügler in großer Zahl die Anlage bevölkern und daneben in sämtlichen Handwerks- und Industriebetrieben kräftig gearbeitet wird. Will man beides darstellen, bietet sich der Samstag an. Um 1960 war es noch üblich, dass für viele Menschen der Samstag ein „normaler" Arbeitstag war. Schließlich war es Wirtschaftswunderzeit und der Bedarf musste gedeckt werden. So hat man die Möglichkeit, reges Treiben an den Verladestellen für die Eisenbahn zu zeigen und gleichzeitig die „beschauliche Ruhe" in einem Biergarten oder der Natur darzustellen.

Nachdem die Grob-Planung abgeschlossen war, konnte mit dem Probeaufbau begonnen werden, um einen ersten 3-dimensionalen Eindruck zu erhalten.

Probeaufbau

Nachdem der Gleisplan am Computer entworfen ist, wird die 3-dimensionale Variante erstellt. Einige Menschen sind in der Lage, von einem zweidimensionalen Gleisbild den kompletten 3-dimensionalen Eindruck im Kopf abzuleiten, ich leider nicht!

Eine einfache Methode, die zumindest bei einem Großdiorama noch problemlos angewendet werden kann, ist das Probestellen auf einer entsprechen großen Platte. Packpapier dient als Grundlage für die aufzubringenden Skizzen.

Die Gleise werden nun aufgelegt und eventuell mit Stecknadeln fixiert. Dann werden die wichtigsten Gebäude positioniert.

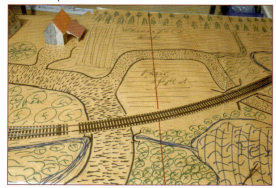

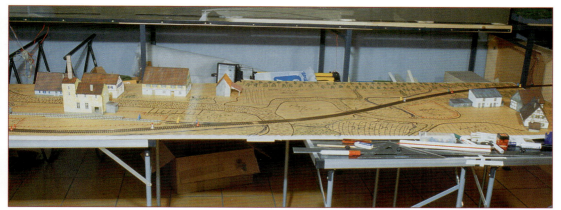

Nun kann der erste optische Eindruck begutachtet werden.

Jetzt zeigt sich, ob das angedachte Szenario tatsächlich den gewünschten Eindruck hinterlässt.

Mit Bleistift werden die wichtigsten Straßen und Wege, sowie Gewässer, Felder, Wälder und andere Landschaftsteile eingezeichnet. Sobald auch dies

dem gewünschten Bild entspricht, werden die Konturen mit dicken Filzschreibern in verschiedenen Farben nachgezogen.

So verstärkt sich weiter der Gesamteindruck. Wenn alles wirklich zur Zufriedenheit des Erbauers erscheint, können die Segment-Trennungen festgelegt werden. In unserem Fall ist es nur eine Trennlinie.

Wie schon weiter oben erwähnt, soll das Diorama später einmal auf Ausstellungen und Messen gezeigt und mit einem Automatik-Fahrbetrieb für etwas Bewegung versehen werden, also ist jetzt die Zeit, die Anschlüsse der Steuerung und die Trennstellen einzuplanen.

Nachdem nun das endgültige Szenario festliegt, wird der Holzbedarf für den Unterbau ermittelt. Bei Anlagen bzw. Dioramen bevorzuge ich immer einen

Auf der Abbildung erkennen Sie, daß an der Landstraße hinter der Brauerei noch weitere Gebäude gesetzt wurden. Diese wurden jedoch später nicht verwirklicht, da sonst die Szenerie überladen gewesen wäre.

Unterbau aus 10 mm Sperrholz, da dieses Material relativ preisgünstig und leicht zu beschaffen ist. Die Verzugsgefahr, die bei Holz fast immer gegeben ist, wird durch den späteren Oberbau aus Styrodur (oder anderem Hartschaum) weitestgehend kompensiert. In dem vorliegenden Fall sind für die 2 Segmentkästen die Maße 160 x 80 cm und 130 x 80 cm ermittelt worden. Dies bedeutet für die Holzbestellung beim Schreiner oder in einem Heimwerkermarkt folgende Liste:

Grundplatten:
1 Stück 160 x 80 cm
1 Stück 130 x 80 cm
Seitenwände, vorne und hinten
2 Stück 160 x 15 cm
2 Stück 130 x 15 cm
Seitenwände, rechts und links, sowie Versteifungen
7 Stück 78 x 15 cm
Winkelverstärkungen
8 Stück 10 x 10 cm

Unterbau

Das beschaffte Holz und die Werkzeuge liegen bereit.

Die Einzelteile werden verschraubt und verleimt. Die beiden Segmente werden provisorisch mit Spax-Schrauben verbunden. Von einem befreundeten Dreher wurden Führungshülsen angefertigt; diese werden nun in den beiden Seitenwänden eingebaut und geben somit der späteren (lösbaren) Verbindung durch Maschinen-Schrauben M8 die Passgenauigkeit..

Der fertige Rohbau wird nun zusammengeschraubt und wartet auf einer entsprechenden „Werkbank", in diesem Fall drei Klapptische, auf die Gestaltung.

Der Landschaftsrohbau aus Styrodur

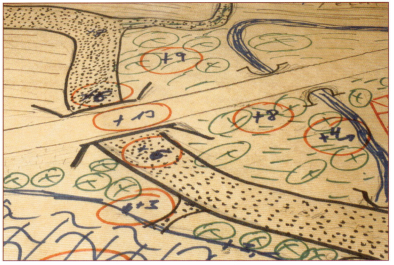

Auf dem Anlagenentwurf, welcher auf dem Packpapier aufgezeichnet wurde, werden nun die Höhen festgelegt. Die Unterführung der Schotterstraße vom Bauernhof unter die Trasse dient als Beispiel: Trasse +13 cm, Schotterweg +6 cm, Wasserspiegel Teich +3 cm, Teichgrund +1 cm, Kleefeld +9 cm, verwilderter Bereich vor der Bahnstrecke +8 cm, Bachlauf-Oberkante +4 cm und verwilderter Bereich hinter Bahndamm + 9 cm.

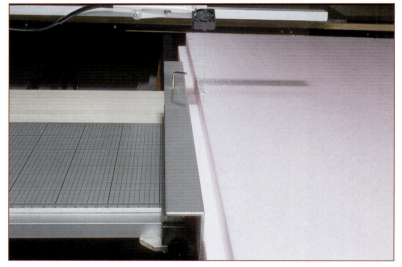

Jetzt wird mit dem Styrocut, einem Heißdrahtschneider, die vordere und linke Kante der ersten Styrodurplatte (5 cm) gerade geschnitten.

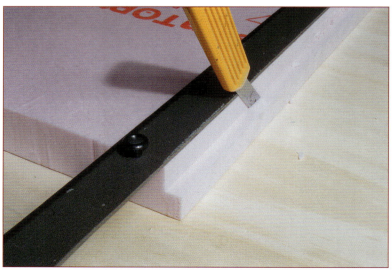

Es geht genauso gut mit einem scharfen Cuttermesser

Diese Platte wird nun am linken vorderen Rand vom rechten Segment positioniert und der Teich, als tiefster Punkt des gesamten Dioramas mit Hilfe der Anlagenskizze markiert.

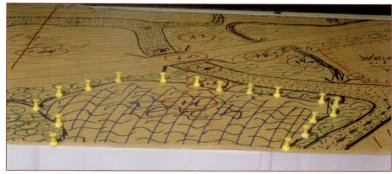

Die Markierungsnadeln geben nach dem Entfernen des Packpapiers die ungefähre Umrandung in Form von kleinen Löchern im Styrodur wieder. Diese Nadel-Löcher werden nun mit einem Filzstift verbunden.

Der „Teich" wird ausgeschnitten und auf eine 3 cm Styrodurplatte übertragen. (3 cm = Höhe des Wasserspiegels) Entlang der Markierung wird nun mit dem Cuttermesser oder dem Heißdrahtschneider das Teil ausgeschnitten.

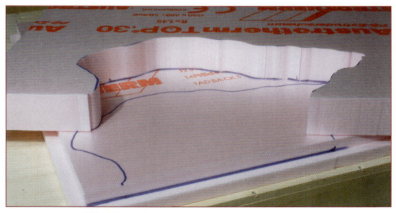

Der so gewonnene Ausschnitt wird in die 5 cm Platte eingelegt und die Höhe markiert.

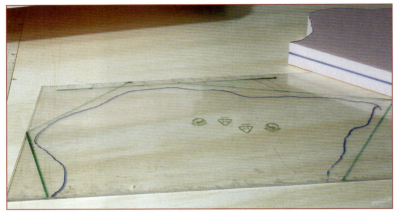

Anschließend wird die „Wasseroberfläche" auf eine Plexiglasscheibe („Bastlerglas" aus dem Baumarkt) gelegt und die Konturen werden mit einem farbigen Filzschreiber (auf dem Bild blau) übertragen. Mit einem Filzschreiber in einer anderen Farbe (grün) werden gerade Schnittlinien eingezeichnet.

Das Cuttermesser dient in Verbindung mit einem Stahllineal zum Anritzen der Plexiglasscheibe.

Um die Bruchkante besser vorzubereiten, hat es sich bewährt noch mehrmals mit der Rückseite der Klinge den Ritz zu vertiefen.

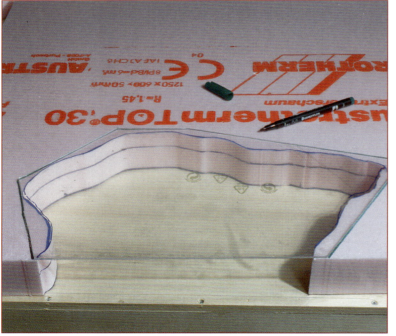

An einer geraden Kante wird nun entlang der eingeritzten Linie das Plexiglas gebrochen und die Schutzfolie anschließend mit dem Cuttermesser durchgeschnitten. Bei kleineren Teilen benutzt man zum Brechen eine Wasserpumpen- oder Kombizange.

Unsere „Teichoberfläche", das zugeschnittene Stück Plexiglas, wird wieder auf die 5 cm Platte aufgelegt und mit einem Filzschreiber werden nun die Schnittkanten übertragen.

Erneut kommt das Cuttermesser zum Einsatz und man schneidet entlang der aufgetragenen Linie ca. 2 – 2,5 cm tief in die Styrodurplatte.

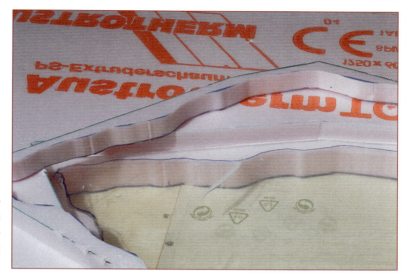

Anschließend wird entlang der Markierung 3 cm (Wasserspiegel) ein entsprechend tiefer Schnitt ausgeführt.

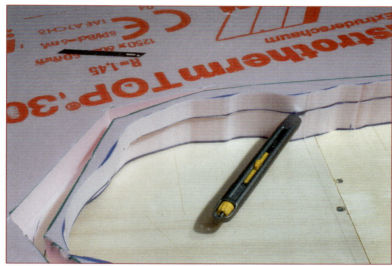

Das nun ausgeschnittene Teil wird zur Seite gelegt. (gut aufheben, wir brauchen es später noch) So bildet der Ausschnitt in der 5 cm Platte eine Auflagefläche für die später aufzuklebende „Teichoberfläche".

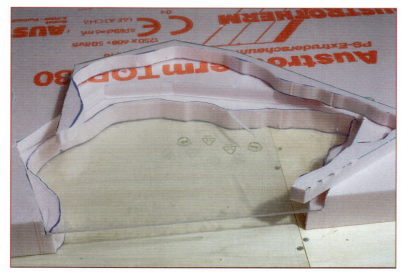

Jetzt kann die erste Styrodurplatte auf dem Unterbau aufgeklebt werden. Dazu verwende ich einen Weißleim, zum Beispiel Ponal. Dieser Leim wird sehr dünn auf das Sperrholz aufgetragen...

...und anschließend die Styrodurplatte aufgelegt. Einmal kurz andrücken und über Nacht mit einigen Gewichten (...oder Büchern) beschweren.

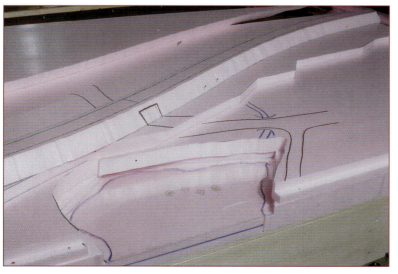

Ähnlich wie beim Teich, werden die nächsten Styrodurplatten aufgelegt. Mit Hilfe des 1:1 Plans und Nadeln werden die Konturen markiert und entsprechend geschnitten. Man arbeitet sich immer höher und hat zum Schluß das wichtigste Teil in Arbeit: die Trasse mit dem Bahndamm. Der Damm wird in diesem Fall aus einer 3 cm-Platte mit einem Winkel van ca. 45° geschnitten und auf die letzte 5 cm-Platte aufgelegt. Bitte zu diesem Zeitpunkt noch nichts festkleben!

Am Beispiel der Weggabelung zwischen Bauernhof und Unterführung wird die weitere Vorgehensweise beschrieben: Die oberen Platten werden wieder abgenommen und die tiefste Lage (in diesem Fall nicht der Teichboden) mit dem Cutter-Messer in die grobe Form geschnitten.

Die Konturen der ersten geschnittenen Platte werden nun auf die nächste übertragen.

Um sich das mühsame Aushöhlen zu ersparen, wendet man einen kleinen Trick an: In der Mitte des, angezeichneten, Weges wird die Platte durchgeschnitten.

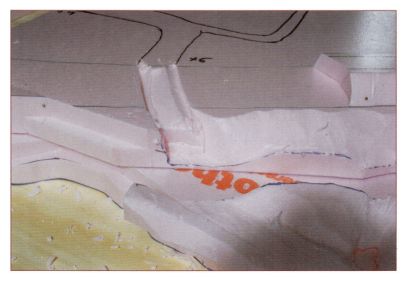

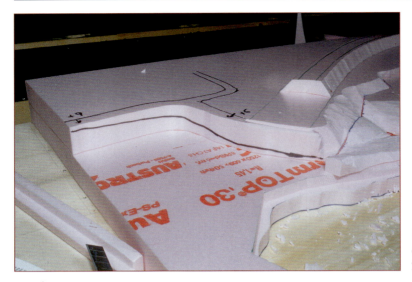

Nun wird die Höhenkontur des Weges auf eine Seite der Schnittkante aufgetragen.

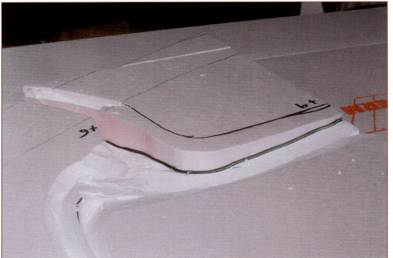

Anschließend wird entlang dieser Linie der Weg aus diesem Teil ausgeschnitten, gleichzeitig wird die angrenzende Böschung grob ausgearbeitet. Danach überträgt man das Niveau auf die andere Hälfte der zerschnittenen Platte. Hier verfährt man in gleicher Weise.

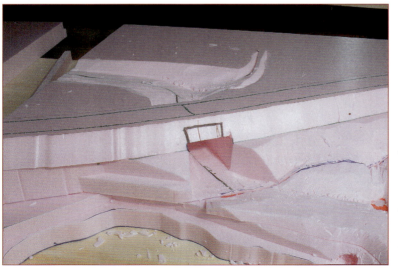

Der Weg und die angrenzenden Böschungen sind geschnitten, der Durchlass unter dem Bahndamm (hier wird später eine Betonunterführung entstehen) ist in Höhe und Breite ebenfalls aus dem Hartschaum ausgenommen worden.

Alle, für dieses Anlagenteilstück notwendigen Hartschaum-Teile sind grob vorgeschnitten und mit Stecknadeln fixiert. Der Teichgrund wird später gestaltet.

Jetzt werden die Teile (bis auf den Teichgrund) mit Holzleim oder Styroporkleber an ihre endgültige Position geleimt. Ich persönlich bevorzuge Holzleim oder, für kleine Flächen, Tesa-Alleskleber-rot. Der Leim wird einseitig aufgebracht und mit einem Abfallstück Styrodur sehr dünn verteilt. Alle Teile werden mit Gewichten beschwert und sind am nächsten Tag soweit fixiert, dass der nächste Schritt in Angriff genommen werden kann.

Angleichen der Konturen:
Die Hartschaumplatten sind nun mehr oder weniger passgenau aufeinander fixiert und müssen nun angeglichen werden. Das Cuttermesser und eine Raspel (aus dem Baumarkt) helfen bei der Arbeit.

Eine Geländepartie vor dem Angleichen,

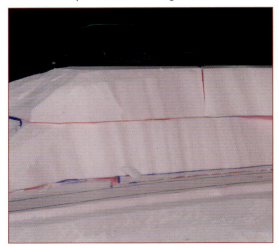

beim Bearbeiten mit dem Cutter-Messer,

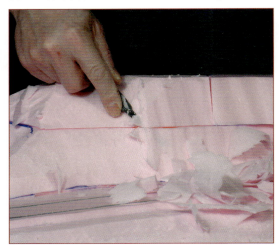

und danach mit der Raspel.

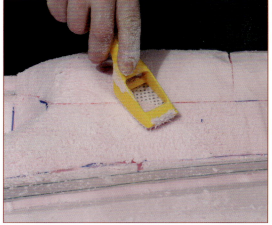

Die Raspel dient ebenfalls dazu, den Weg vom Bauernhof zur Unterführung etwas ein zu ebnen.

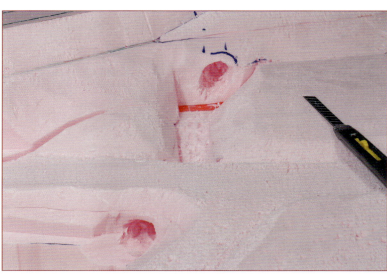

Der Zufluß zum Teich wird weiter ausgeformt. Wieder hilft das Cutter-Messer, diesmal in der schmalen Version.

Weiter geht es mit dem Teichboden. Dieser liegt noch als Ausschnitt aus der 3 cm-Platte in unseren Vorräten. Zunächst wird am Rand die Schräge geschnitten. Unser Teich soll schließlich nicht mit einem Steilufer beginnen.

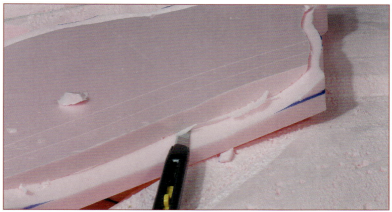

Nachdem die Uferzone „geschnitten" ist, beginnen wir mit dem Ausschneiden des Teichgrundes. Das Cuttermesser wird in ca. 1,5 cm „Tiefe" waagerecht am äußeren Rand geführt. Eine Schnitttiefe von ca. 1 cm hat sich als beste Methode bewährt.

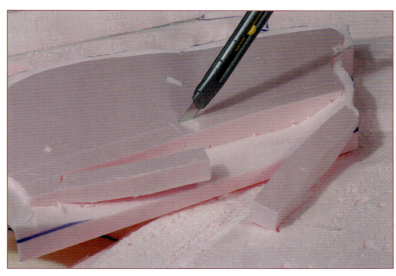

Die Oberfläche dieser Hartschaumplatte wird also in Abständen von ca. 1 cm senkrecht bis in einer Tiefe von 1,5 cm geschnitten. So kann man Streifen für Streifen aus dem Hartschaum ausarbeiten und kommt sehr schnell voran.

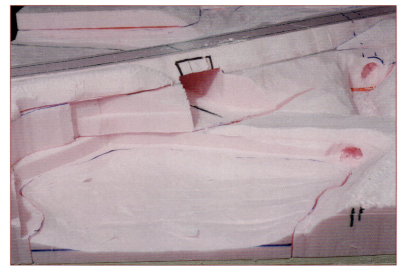

Der „ausgehöhlte" Teichboden wird nun an seine endgültige Stelle eingepasst. Wenn alles in sich harmonisch aussieht, wird dieses Stück nun endlich (mit Holzleim) eingeklebt. Der „Teichboden" wird jetzt noch etwas mit der kleinen Raspel nachgearbeitet, bevor die Wasseroberfläche aus Bastlerglas aufgelegt wird.

Der „Teichrand", er liegt auch noch bei den Vorräten, wird nun aufgelegt und grob der Umgebung angepasst. (Bitte beide Teile noch nicht festkleben).

Der Rohbau auf der rechten Anlagenseite ist nun fertig und wir können mit dem linken Teil in gleicher Weise fortfahren.

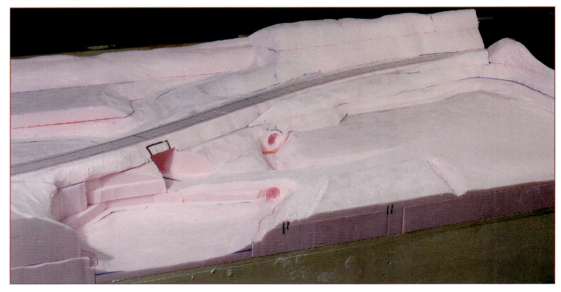

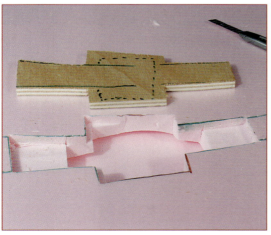

Auf der linken Seite ist der Abzweig zur Brauerei und somit beim Rohbau die Weiche zu berücksichtigen. Da es sich später um ein funktionsfähiges Diorama handelt und eventuell dieses Stück in eine komplette Anlage eingearbeitet werden soll, muß die Weiche einen Antrieb erhalten. Die Gleise können direkt auf die Styrodur-Trasse aufgeklebt werden, jedoch muß der Unterflur-Antrieb eine stabile Befestigung erhalten.

Gleichzeitig ist zu berücksichtigen, dass der Antrieb einmal defekt werden könnte und folglich leicht zugänglich sein muß. Also wird im Bereich der Weiche ein Stück Trasse aus Sperrholz angefertigt. Dieses bietet dem Stellantrieb genügend Halt.

Dieses Stück Sperrholz wird in den Hartschaum eingearbeitet ...

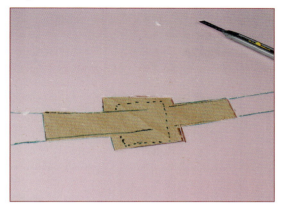

... und unterhalb des Antriebs wird ein nach unten immer größer werdendes Loch in die unteren Lagen und zum Schluß in den Holzunterbau geschnitten.

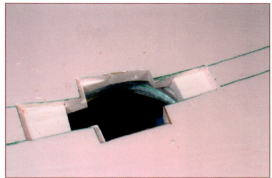

Der Landschaftsrohbau ist nun komplett aus dem Hartschaum geschnitten, jedoch mit einer Abweichung gegenüber dem ursprünglichen Plan. Nachdem alle Styrodurteile aufgelegt waren, stellte sich heraus, dass der ursprüngliche Plan mit dem Tunnel auf der linken Seite eine zu große Höhe aufweisen würde. (Die Höhe war das, zum Glück früh genug erkannte, Problem = wie bekomme ich die Anlage aus dem Keller?) Also war wieder einmal improvisieren angesagt! Nun verschwindet die Eisenbahn links in einem Einschnitt und die Asphalt-Straße windet sich am linken hinteren Berghang dem nächsten Dorf entgegen. Dies gab gleichzeitig die Möglichkeit, einen Wanderweg an diesem Hang darzustellen. Um die Wirkung der geplanten Anlage abzuschätzen, habe ich mir angewöhnt, die Styrodurpartien mit diversen Abtönfarben anzustreichen. Spätestens jetzt ergibt sich ein ungefähres Bild der zukünftigen Wirkung. Verschiedene Farben stellen die unterschiedlichen Flächen, Straßen und Wege, der Gewässer und Felder dar. Damit ist das Kapitel Rohbau beendet und wir können uns jetzt den einzelnen Themen der Landschaftsgestaltung und ihrer fachgerechten Umsetzung widmen.

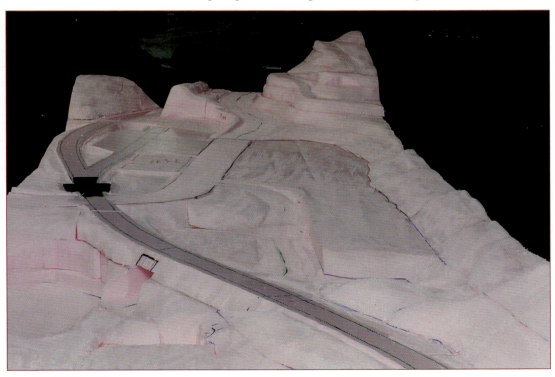

Zwischenbemerkung

Nachdem der Rohbau aus Hartschaum fertig gestellt ist und die ungefähre Lage der Straßen, Wege und Trassen ebenso festgelegt wurde wie die Positionierung der Gebäude, beginnt nun der kreative Teil der Anlagengestaltung. Im Gegensatz zum realen Vorbild war nicht erst die Landschaft und dann kam der Mensch mit seinen Transportwegen. Wir planen eine Landschaft oder ein Diorama auf der Basis der Modelleisenbahn und gestalten dann das Drumherum mit den Straßen, Wegen, Häusern usw. Selbst die Modellnatur wird bei uns im Vorfeld den Notwendigkeiten der Schienenführung untergeordnet. Anders scheint eine vernünftige Planung nicht möglich.

Kommen wir nun zur Umsetzung des Entwurfs in die Modellwirklichkeit. In dem vorliegenden Buch habe ich den einzelnen „Projekten" Themen zugeordnet, so dass Sie bei einem eventuellen späteren Anlagenbau dieses als Nachschlagewerk nützen können. Durch die damit verbundene Gliederung müssen an bestimmten Stellen leider Verweise auf andere Kapitel in Kauf genommen werden. Es nutzt schließlich nichts, wenn die gleiche Arbeit mehrfach an verschiedenen Stellen beschrieben wird. Nehmen Sie als Beispiel einmal ein Grasbüschel: Diesen benötigen Sie bei der Gestaltung von Felsen genauso wie beim Wegebau oder am Wasserrand oder beim Bauernhof ....usw. In den Kapiteln, wo eine bestimmte Technik der Gestaltung den Schwerpunkt hat, wird diese sehr ausführlich und mit vielen Bildern erklärt.

Über die notwendige elektrische Verkabelung einer Modellbahnanlage ist schon in diversen Publikationen genug geschrieben worden, so dass ich es mir in diesem Buch erspart habe, darauf ein zu gehen. Interessierten sei an dieser Stelle das Buch von Rolf Knipper „Digitalpraxis" empfohlen, das im gleichen Verlag erschienen ist. Ebenfalls wird das Verlegen von Gleisen, Weichen und den bahntechnischen Einrichtungen nur ganz kurz behandelt, schließlich wollen wir uns dem Gestalten von Natur und der notwendigen und glaubwürdigen Integration von Gebäuden, Mauerwerken, Straßen und Ähnlichem widmen.

Straßen, Wege, Plätze und Trasse

Gleise und Bahndamm

Die Gleise sind verlegt und werden mit Tesa-Alleskleber rot verleimt. Dieser Kleber hat zwei wichtige Vorteile: zum Einen greift er Hartschaum nicht an und zum Anderen lässt er gerade beim Verlegen von Flexgleisen genügend Zeit, um diese sauber auszurichten. Im Bereich der Weiche und des Anschlussgleises werden wir nun das Gleis schottern und die notwendige ebenerdige Lage im Verladebereich erstellen.

Um den richtigen Abstand, nicht den vorbildgerecht realistischen, sondern den, der einen reibungslosen Betrieb ermöglicht, zu erhalten, werden die Kleineisen an der „Beton"-Schwelle mit dem Cutter-Messer entfernt.

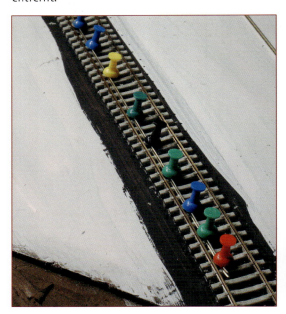

Bei einer ebenerdigen Lage werden die Schienen beim Vorbild in den Belag eingelassen. Im Modellbau gehen wir den umgekehrten Weg und bringen den Boden des Platzes auf die Höhe der Gleisoberkante. Zunächst müssen „Schutzschienen" eingebracht werden. Ein übrig gebliebenes Feldbahngleis liefert in diesem Fall die Innenschienen.

Anschließend wird die erste Schutzschiene mit Sekundenkleber an der Schnittkante verleimt und mit Nadeln gesichert. Nachdem auch die zweite Schiene verklebt ist, warten das Ladegleis und der Bahnübergang nun auf den Gipsauftrag zwischen den Schutzschienen.

Doch zunächst muss die Trassenbreite der Realität angepasst werden. Grundsätzlich schneide ich zunächst die Trasse breiter als erforderlich, so ist beim Verlegen der Flexgleise immer noch etwas Reserve vorhanden. Mit einem scharfen Cutter-Messer ist aber schnell die richtige Breite für das Schotterbett erstellt.

Die nun freiliegende Hartschaumfläche wird mit einem Farbton, ähnlich dem späteren Schotter, gestrichen. In die frische Farbe streut man dann etwas Schotter. Dies bietet einen hervorragenden Halt für die gesamte Schotteraktion an den Schrägen.

Der Schotter, in diesem Fall eine Mischung aus den Noch-Schottersorten beige (Nr. 95636) und grau (Nr. 95676) in der Körnung „mittel", wird mit Hilfe eines Löffels aufgetragen und anschließend mit einem nicht zu harten Flachpinsel verteilt. Wenn alles zur Zufriedenheit aussieht, wird mit Hilfe einer Sprühflasche alles gut mit einer Mischung aus Wasser und einem Netzmittel (Agepon, Ochsengalle oder auch Spülmittel) gut durchfeuchtet. Eine Mischung aus Holzleim (Ponal) und ca. 4 Teilen entspanntem Wasser wird mit Hilfe einer kleinen Flasche zwischen den Schienen und am Rand des Schotterbetts eingeträufelt. Nun muss die ganze Sache gut durchtrocknen.

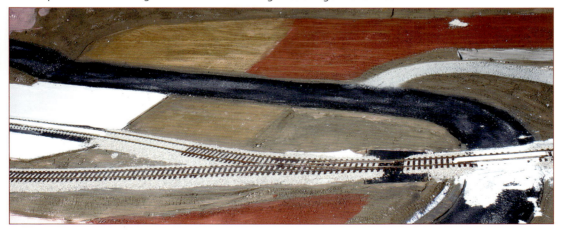

Mit einer Schottermischung in einer feineren Körnung und einer anderen Farbe wird die Drainage angedeutet. Die Verklebung wird wie bei dem Schotter vorgenommen. Gleichzeitig kann man die nicht verleimten Stellen im Schotterbett ausbessern.

Ein Schienen-Reinigungs-Gummi hilft nun, die auf den Schwellen liegenden Schottersteinchen zu entfernen.

Eine dunkel braune Farbe wird mit einem Flachpinsel auf die Schienen und die Kleineisen aufgetragen. Hierbei muss nicht sehr sorgfältig vorgegangen werden, da sich in der Wirklichkeit der Rost von den Schienen im gesamten Bereich, auf den Schwellen und im Schotterbett, verteilt.

Die gleiche Farbe nutzt man nun, um das sehr helle Schotterbett in einen „verrosteten" und verschmutzten Zustand zu bringen. Mit einem harten Flachpinsel wird die Farbe mehr oder weniger intensiv in die Steinchen eingerieben. Hierbei sollte nicht zu gleichmäßig gearbeitet werden. Die Schweller werden bei dieser Gelegenheit ebenfalls mit dem Braun sehr dünn überzogen, damit ist der künstlich wirkende Plastikglanz verschwunden.

Anschließend wird wieder mit einem Flachpinsel in der Graniertechnik (siehe Felsgestaltung) ein helles Grau auf die Schweller aufgebracht, um so die feinen Strukturen wieder hervorzuheben.

Nun kommen die Pigmente (Trockenfarben) zum Einsatz. Kremer-Pigmente, im Vertrieb von ASOA, in den Farben „Rost mittel" und „Rost hell" werden ungleichmäßig über die gesamte Trasse dünn gestreut...

...und mit einem kurzen Borstenpinsel in den Schotter und die Schwellen eingerieben.

Nachdem das ganze Areal fertig gestellt ist, werden mit dem Staubsauger sowohl die überschüssigen Pigmente, als auch die gelösten Schottersteinchen entfernt. Diese Methode hat den Vorteil, dass sich nicht richtig verklebte Steinchen bei dem Einbürsten der Pigmente lösen und später nicht zu Betriebsstörungen führen können.

Nun kommt wieder der Schienenreinigungsgummi zum Einsatz. Mit diesem werden die Oberkanten der Schienenprofile frei gerubbelt und noch eimal mit einem Staubsauger die Farbpigmente und losen Steinchen abgesaugt. Einem guten Kontakt im späteren Betrieb steht nun nichts mehr im Wege.

Jetzt muss der Gleiskörper und die Drainage noch die realistische Verschmutzung erhalten. Dabei helfen wieder die Pigmente von Kremer in den Farben „moosgrüner" und „grünbrauner Schmutz". Wie beim Rost, werden die Pigmente ungleichmäßig über das Schotterbett verteilt und mit dem kurzen Borstenpinsel eingerieben.

Jetzt hat der Bahndamm die richtige Farbgebung und wartet auf die Randbegrünung, der wir uns im Kapitel über die Natur widmen werden.

Der Boden des Bauernhofs und die Feldwege

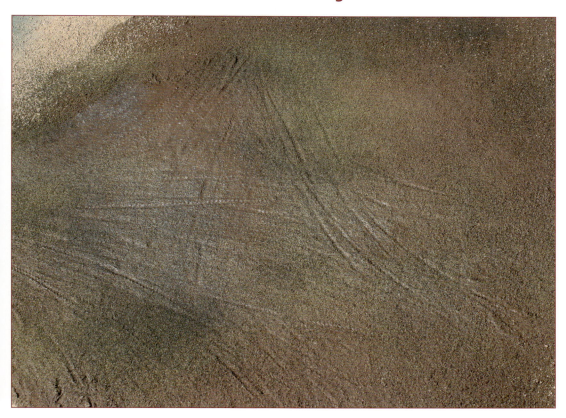

Gemäß unserem Plan ist der Platz für den Bauernhof bereits in einem hellen Grau gestrichen und wartet nun auf seinen „Boden".

die Natur von diversen Böden etwas mitnehmen, werden Sie im Laufe der Zeit eine große Auswahl von verschieden farbigen Streumaterialien haben, die Sie bei allen passenden Gelegenheiten mischen und einsetzen können.

Von einem in der Nähe meines Hauses liegenden Feld wurde Erde „entliehen" und, zur Freude der Hausfrau, im Backofen ca. 20 Minuten bei ca. 200° sterilisiert. (Machen Sie dies bitte nur, wenn die Hausfrau längere Zeit nicht in der Nähe ist; es stinkt sehr stark!!!!) Klein gestampft und in verschiedenen Körnungen ausgesiebt ergibt dieses Naturmaterial den idealen und preiswerten Streu für den Bauernhof und die Feldwege. Wenn Sie bei Ihren Ausflügen in

Die, vom Schottern der Gleise, bekannte Mischung aus Holzleim und Wasser wird nun flächig auf die zu behandelnde Fläche aufgetragen. Ein alter Pinsel hilft bei der gleichmäßigen Verteilung.

Die etwas gröber gesiebte Erde wird an den Rändern der Fläche mit einem entsprechenden Sieb sparsam aufgestreut. Danach wird die gesamte Fläche mit der feinen Erde eingedeckt.

Nun wird der komplette Bereich mit der bekannten Sprühflasche nochmals gut durchtränkt und ein zweites Mal der dünne Kleber in der Mitte aufgebracht. Eine Achse mit 2 Rädern von einem alten Trecker wird in einer Halterung (in diesem Fall ein Holzdübel) leicht drehbar verbohrt und dient nun zur Darstellung der entsprechenden Fahrspuren.

Damit der Boden des Bauernhofs nicht zu gleichmäßig erscheint, werden sehr sparsam feine Bodenflocken von Noch in oliv (Nr.T1341) und braun (Nr. T1342) ungleichmäßig mit einem feinen Sieb aufgebracht. Hierbei hat es sich bewährt, das Einstreuen der feinen Flocken aus einer Höhe von ca. 40 cm vorzunehmen, da so gewährleistet ist, dass sich die Flöckchen sehr dünn und nicht zu regelmäßig verteilen.

Die Hauptstrasse

Eine Landstrasse 2. Ordnung bildet auf dem linken Anlagenteil die Zufahrt zur Brauerei und führt weiter in die hinter dem Hügel liegende Kleinstadt. Mit Formen von Spörle (Asphaltstrasse) werden die Einzelteile gegossen. Sehr feiner Gips (fragen Sie doch mal Ihren Zahnarzt) wird dünnflüssig angemischt und in die mit Wasser und einem Netzmittel (Agepon, Ochsengalle oder Spülmittel) angefeuchteten Formen gegossen. Ca. 2 Minunten nach dem Gießen wird mit einem Lineal die auf der Oberfläche stehende dünne Gips-/Wasserbrühe abgestreift und man erhält auf diese Art und Weise ziemlich gleich starke Abgüsse, was das spätere Verlegen der einzelnen Abschnitte bedeutend einfacher gestaltet.

Die gleichmäßig gegossenen Gipsabgüsse werden zuerst lose aufgelegt und angepasst.

Auf den Styroduruntergrund wird Holzleim in unverdünnter Form aufgetragen.

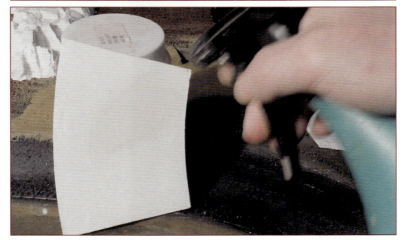

Die Rückseiten der Gipsabgüsse werden jetzt mit der Sprühflasche gut angefeuchtet...

... und in die Leim-Masse eingelegt.

So verfährt man mit allen Teilen, bis die gesamte Landstraße erbaut ist.

Nachdem alle Straßenstücke verklebt sind, müssen noch der Bahnübergang, die Zufahrt zum Parkplatz der Brauerei und die Feldwegeinmündung beigearbeitet werden.

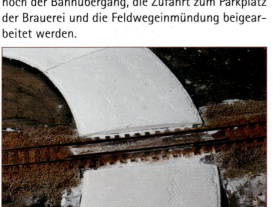

Die Spalte zwischen den Gleisen und den rinzelnen Straßenabgüssen werden mit dünnflüssigem Gips aufgefüllt.

Auf die gleiche Weise verfährt man mit dem „Asphalt"-Belag zwischen den Schutzschienen. Nachdem der Gips komplett durchgetrocknet ist, wird mit Schleifpapier und Schleifklotz die Oberfläche an die Straße und das Schienenprofil angeglichen. Nun erhält die Straße den ersten Farbauftrag mit Noch Erdfarbe 96122. Nach dem Durchtrocknen wird die Straße nochmals leicht mit feinem Schmirgelpapier angeschliffen und der 2. Farbauftrag mit Heki Straßenfarbe Asphalt Nr. 6601, 1:1 mit Wasser verdünnt, wird mit einem sehr weichen Pinsel in Längsrichtung aufgebracht. Ein selbst angemischtes, sehr stark verdünntes, Gelbgrau, das mit einem Tropfen Spülmittel fließfähig gemacht wurde, wird sehr sparsam auf den Asphalt aufgebracht und ergibt den Effekt von herübergewehtem Staub von den Feldern.

Das Brauerei-Gelände

Bei der Gestaltung des Brauerei-Geländes gehe ich davon aus, dass der Besitzer vor nicht allzu langer Zeit den vorderen Bereich, rund um die Gebäude, hat Asphaltieren lassen, während der als Lagerplatz genutzte hintere Bereich noch sein ursprüngliches Kopfsteinpflaster behalten hat. Dies bietet die Möglichkeit, zu zeigen, wie Beides gestaltet wird. Der Lagerplatz erhält sein Kopfsteinpflaster mit Hilfe von Abgüssen aus den bekannten Spörle-Formen, die, wie die Strasse, direkt auf den Styrodur-Rohbau geklebt werden.

Im Bereich der Gebäude wird mit Hilfe von dünnen Hartschaumplatten das Niveau des Rohbaus der Oberkante der Schienen angeglichen.

Die Standorte vom Brauerei-Gebäude und dem Kühlhaus werden aufgezeichnet, um somit auch die Zufahrt zum Gelände festzulegen. Diese wird mit Gips dem Straßenverlauf angepasst.

Der asphaltierte Bereich wird entsprechend der Straße farblich angepasst. Das Kopfsteinpflaster erhält einen Anstrich in einem hellen Grau-Beige. Dieser wird in mehreren dünnen Schichten erstellt, damit die feinen Details der Pflasterung nicht zugeschmiert werden. Eine niedrige Mauer mit Abdecksteinen aus der Spörle-Form „Laderampe" bildet den unteren Bereich der Umzäunung am Lagerplatz.

Unverdünnter Holzleim wird auf die Fläche gestrichen und anschließend der Sandsteinstreu vorsichtig und gleichmäßig eingestreut.

Jetzt kommt wieder unsere Blumenspritze zum Einsatz. Nachdem alles gründlich durchfeuchtet ist, wird die ganze Angelegenheit noch mit dem verdünnten Holzleim, wie beim Schottern der Gleise, satt getränkt.

Um die gesamte Szene etwas auf zu lockern, wurde im Bereich zum Feuerlöschteich aus dem Kopfsteinpflaster und dem Asphaltbelag etwas ausgespart. Hier muss nun wieder geschottert werden. Gemahlener Sandstein (grün) von Anita Decor hilft, diese Schotterschicht nach zu bilden.

Nach einer kurzen Wartezeit, ca. 15 min., wird nochmals satt Schotter aufgebracht und mit einem weichen Pinsel gleichmäßig verteilt.

Der Parkplatz an der Brauerei

Da zur Brauerei noch eine Gartenwirtschaft mit Brauereiausschank gehört, müssen nicht nur die Mitarbeiter der Brauerei, sondern auch die zu erwartenden Gäste einen Parkplatz für ihre Fahrzeuge vorfinden. Selbst wenn um 1960 nur die wenigsten Mitarbeiter der Brauerei ein Auto besitzt haben dürften, die hoffentlich gutbetuchten Gäste werden schon eher mit dem Automobil anreisen und erwarten natürlich den Parkplatz direkt vor dem Haus. Also muss ein zeitgemäßer Parkplatz gestaltet werden.

Kaum anzunehmen, dass dieser Platz um 1960 bereits asphaltiert gewesen ist. Ein feiner Schotter erfüllt auch seinen Zweck und hat den Nebeneffekt, dass einige Tropfen Öl aus nicht ganz neuen Dichtungen von Motor oder Getriebe (was damals ganz normal war) schnell versickern konnten. Wieder einmal greifen wir auf das ausgezeichnete Material von Anita Decor zurück und wählen in diesem Fall Kalkstein in der feinen Körnung.

Bevor jedoch der Streu zum Einsatz kommt, muss noch die Einfahrt zum Parkplatz mit etwas Gips gestaltet werden. Diese Partie wird ebenfalls in der Straßenfarbe gestrichen.

Der Auftrag des Kalksteins erfolgt wie beim Lagerplatz.

Der Rand des Platzes erhält eine Begrünung mit Rasen lang Frühherbst, der nicht zu gradlinig abgeschnitten sein sollte. (Siehe hierzu Kapitel Natur)

Einige Filigranbüsche in der Farbe Sommer werden rund um den Parkplatz „gepflanzt" und dieses Stück ist bereits fertig.

Mauerwerke, Unterführungen, Wasserdurchlässe

Gerade auf unserer Modellbahn sind wir in den Platzverhältnissen meist sehr stark beschränkt. Der Hobbyraum für unsere Anlage hat bei vielen Modellbahnern nur sehr begrenzte Ausmaße und Kompromisse müssen immer wieder gefunden werden. Nicht ohne Grund spielen die häufigsten Themen im Bereich von Mittelgebirgen. Die landschaftlichen Gegebenheiten machen es nicht nur einfach und glaubwürdig, die notwendigen Zufahrten zu den Schattenbahnhöfen zu tarnen, sondern die Topographie erlaubt es auch, den Kulisseneffekt, von vorne nach hinten ansteigend, voll aus zu nutzen. Gerade bei diesen stark ansteigenden Geländen sind Mauerwerke als Abstützung zwingend notwendig. Diese Mauerwerke richtig in die Modell-Natur ein zu bauen und glaubwürdig zu „verwildern" ist Gegenstand dieses Kapitels.

Im Zubehörhandel findet man ein vielfältiges Angebot von Mauerplatten aus diversen Materialien wie Hartschaum, Polystyrol oder auch Pappe. Diese Materialien kann man in den meisten Fällen absolut ohne Bedenken einsetzen und nötigenfalls farblich etwas nachgestalten. Wenn es jedoch darum geht, eine große Vielfalt von Kunstbauwerken zu erschaffen und diese wie aus einem Guss wirken sollen, stößt man schnell an die Grenzen in den Produktprogrammen der einzelnen Hersteller; fast niemand hat alles im Programm! Aus diesem Grund habe ich mich vor langer Zeit für die Silikonformen der Werkstatt Spörle entschieden. Nicht nur, dass Klaus Spörle ein mehr oder minder komplettes Programm für Mauern, Tunnelportale und Straßen anbietet, die Abgüsse lassen sich wunderbar verändern, nachgravieren und kombinieren. Immer sorgt der Gips oder die von Ihnen bevorzugte Gießmasse für eine gleich aussehende Oberfläche! Wenn man beim Farbauftrag hier immer in dünnen Schichten arbeitet, bleibt auch die poröse Oberfläche, die sehr natürlich wirkt, erhalten.

Am Beispiel der Betonunterführung werde ich Ihnen zeigen, wie die notwendigen Abgüsse aus Gips verwendet werden.

Die Betonunterführung am Feldweg

Aus der Form „Betonplatte mit Sims" Best.-Nr. 3010 werden die notwendigen Abgüsse erstellt. Dazu wird die Form zunächst mit lauwarmem Leitungswasser und einem Tropfen Spülmittel ausgewaschen und kurz ausgeschlagen. Es sollte sich noch ein Feuchtigkeitsfilm in der Form befinden, bevor der dünnflüssig angerührte Gips in die waagerecht, auf einer möglichst planen Fläche liegende Silikonform gegossen wird. Nach kurzer Zeit wird sich das überschüssige Wasser oben auf der Form absetzen. Jetzt hilft ein Lineal dieses Wasser waagerecht ab zu streifen. So erhält man später eine glatte Rückseite, die es erlaubt, mehrere Platten nahezu nahtlos aneinander zu reihen. Während der Gips noch flüssig ist, wird leicht gegen die Seiten der Form geklopft, damit sich kleine Luftbläschen von den Rändern und dem Boden lösen. Sollte einmal eine Blase an einer gut sichtbaren Stelle verbleiben, kann man natürlich dieses Loch später mit Gips ohne Probleme ausspachteln.

Nachdem die notwendige Anzahl von Abgüssen gut durchgetrocknet ist, werden diese den örtlichen Gegebenheiten entsprechend geschnitten. Dazu ritzt man auf der Rückseite mit einer Reißnadel, ein alter scharf geschliffener Schraubendreher tut es auch, eine entsprechende Rille ca. 2 mm tief ein. Über eine gerade Kante kann das Teil nun problemlos gebrochen werden.

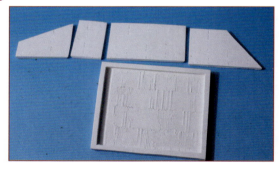

Nachdem die Teile alle bereit liegen wird der Durchlass im Bahndamm mit dem Cuttermesser nachbearbeitet und bildet so die Auflage für die Einzelteile.

Bevor jetzt die Abgüsse verklebt werden, werden diese probehalber aufgestellt, um die gewünschte Wirkung zu kontrollieren.

Der Sockel einer Platte wird abgetrennt und dient als Betonsturz. Wenn alles zur Zufriedenheit aussieht, werden die Teile, wie beim „Straßenbau" mit Holzleim verklebt.

Irgendwann hat der Leim abgebunden und alles steht unverrückbar an seinem Platz. Jetzt werden die überstehenden Kanten mit einer Feile oder etwas Schmirgelpapier geglättet. Ich habe mich inzwischen für das Arbeiten mit einer Feile entschieden, da es mir nur so gelingt, gerade Kanten zu erzeugen. Mit Schmirgelpapier ist für mich das gleichmäßige Abtragen von doch relativ weichem Gips nahezu unmöglich. Außerdem hat die Feile den Vorteil, dass man die abgeschliffenen Gipsreste mit einer Messingbürste ohne Weiteres wieder von ihr entfernen kann und damit wieder ein sauberes Werkzeug zur Verfügung steht.

Eventuelle Fugen werden mit einem kleinen Spachtel mit Gips verfüllt und notfalls nochmals abgeschliffen. Jetzt steht dem ersten Farbauftrag nichts mehr im Weg. Man kann sich ein Betongrau selbst anmischen oder die ausgezeichnete Farbe von Heki „Straßenfarbe Beton" Best.-Nr.: 6600 verwenden. Diese Farbe wird mit Wasser im Verhältnis 1:2 angemischt und mit einem Netzmittel fließfähig gemacht. Ein sehr weicher Pinsel ist beim Auftragen unumgänglich, da der Gips zwangsläufig wieder weich wird und nicht abgetragen werden soll. Bitte achten Sie darauf, dass die Farbschicht sehr dünn aufgebracht wird, um die feine Oberflächenstruktur nicht zu zuschmieren. Lieber das Durchtrocknen abwarten und mit mehreren Schichten arbeiten.

Die Betonfarbe ist nun deckend, nirgendwo ist weißer Gips zu sehen, jetzt kann die weitere Colorierung in Angriff genommen werden. Aus Schwarz und Grün wird eine extrem dünne Mischung erstellt und diese wieder mit einem Tropfen Netzmittel fließfähig gemacht. Von oben nach unten wird mit dem weichen Pinsel diese „Brühe" auf die Betonplatten aufgetragen. Man nennt diese Technik „Lasieren". Durch den Fließverbesserer läuft die Farbe schnell ab und nur an den Vorsprüngen und in den Vertiefungen sammelt sich genug Farbe, um die Unregelmäßigkeiten zu betonen.

Irgendwann ist auch diese Farbschicht durchgetrocknet und das „Granieren" kann erfolgen. Unter Granieren versteht man das Setzen der Spitzenlichter mit einem fast farbleeren Pinsel.

Für das Anmischen der Granierfarbe bevorzuge ich Acrylfarben, zum Beispiel von Anita Decor. Weiß wird mit einem Tropfen Grün (man kann auch lichten Ocker nehmen) gebrochen und gut vermischt.

Diese Farbe wird nicht verdünnt! Ein harter Flachpinsel wird jetzt nur mit der Spitze in die Granierfarbe eingetaucht und auf einem saugfähigen Untergrund, zum Beispiel Pappe oder einem Sperrholzrest, sofort wieder ausgewischt. Wenn der Pinsel keine Farbe mehr abzugeben scheint, ist immer noch genug Farbe in den Borsten vorhanden! Jetzt wird der Pinsel flach über die Vorsprünge des Mauerwerks ausgestrichen. An den Spitzen bleiben nun Farbpigmente hängen und betonen so die Konturen der Betonwand. Sollte der Effekt nicht wie gewünscht sein, kann man diesen Vorgang beliebig oft wiederholen. Bitte bedenken Sie jedoch, auch hier ist Weniger Mehr!

Der Wasserdurchlass am Bahndamm

Ebenfalls aus „Beton" besteht der Wasserdurchlass im Bahndamm. Hier wurde auf die Spörle-Form „Arkaden für Unterführung" Best.-Nr.: 3030 zurück gegriffen. Ein Teil dieser wuchtigen Betonmauer wird zum Wasserdurchlass umfunktioniert. Von der Beton-Unterführung aus dem vorderen Abschnitt sind noch einige Abgüsse übrig geblieben und werden als Stützmauern zum Hang eingesetzt.

Nachdem auch hier der Geländerohbau nachgearbeitet wurde und ein Probestellen den Vorstellungen entspricht, kann in der gleichen Weise, wie oben beschrieben, mit dem Verkleben fort gefahren werden.

Die Farbgebung erfolgt wie beim Betondurchlass, jedoch kann hier noch etwas mehr Grün der Lasurfarbe beigemischt werden, da sich in der feuchten Umgebung, in der Realität, zwangsläufig Algen und Moose auf dem Beton ansiedeln werden.

Die Mauer an der Feldweg-Gabelung

Neben Beton kommt beim Erstellen von Mauerwerken den Natursteinen in mehr oder minder behauener Formgebung eine große Bedeutung zu. Je jünger die darzustellende Epoche, je häufiger wird man diese Art von Stützmauern wählen müssen.
Die Stützmauer an der Gabelung des Feldwegs in der Mitte der Anlage soll hier als Beispiel dienen, wie eine derartige Mauer in ein abfallendes Terrain eingebettet wird. Zum Einsatz kommt hier die Spörle-Form „Naturstein" Best.-Nr.: 6014. Mit dem Cuttermesser wird eine Rinne in der notwendigen Breite und Tiefe in den Rohbau geschnitten. Nachdem mehrere Abgüsse fertig sind, werden diese in der Rille platziert.

Unbedingt erforderlich ist eine kleine Wasserwage, da Mauerfugen grundsätzlich waagerecht sind und niemals dem Gefälle folgen!

Nachdem die unteren Kanten der Abgüsse in etwa der Neigung des Feldwegs angeglichen wurden und mit der Wasserwaage die richtige Lage kontrolliert wurde, wird die gewünschten Höhe markiert und geschnitten. Die geschnittene Rinne wird mit Holzleim zum Teil aufgefüllt und auf der senkrechten Wand ebenfalls Holzleim aufgebracht. Die Mauerteile werden leicht auf der Rückseite und an der unteren Kante angefeuchtet und in den Leim gesetzt. Unbedingt wieder mit der Wasserwaage die richtige Lage der Fugen kontrollieren!

Das Mauerwerk muß nun noch mit Abdecksteinen gegen eindringende Feuchtigkeit geschützt werden. Häufig wurden in der Realität dafür Betonplatten gegossen und mit Zement auf der Mauer verankert. Aus der Spörle-Form „Decksteinreihen und Treppen" Best.-Nr.: 6026 entstehen diese Platten im Modell. Eine große Feile dient zum Angleichen der oberen Mauerkannte.

Das Aufkleben der Abdeckplatten kann wieder mit Holzleim erfolgen, jedoch habe ich für das Fixieren solcher kleinen Sachen mit Tesa-Alleskleber-rot sehr gute Erfahrungen gemacht. Dieser lässt sich sehr präzise aufbringen und bindet sehr schnell ab.

Da in der Realität Natur-Mauersteine selten aus entfernten Gebieten beigeschafft wurden, man denke an die Transportkosten, sollte die Farbe dieser Steine einer in der Nähe befindlichen Felsart angepasst werden. Da die Felswand in der Nähe, beim Weiher, aus rotem Sandstein besteht, wird als Grundfarbe Heki „Grundfarbe Sandstein" Best.-Nr.: 7101 ausgewählt. Bevor diese Farbe aufgebracht wird, ist ein Grundanstrich in einem dem Mörtel entsprechenden Farbton notwendig. Wüstengelb von Anita Decor hat den richtigen Ton, lichtes Ocker mit etwas Braun gebrochen tuts auch. Die Farbe wird mit Wasser im Verhältnis 1:3 und einem Tropfen Netzmittel angemischt. Der weiche Pinsel hilft beim mehrmaligen Auftragen, speziell in den Fugen.

Die Heki-Farbe wird mit etwas Wasser streichfähig gemacht und mit einem flachen Pinsel auf die Steine aufgetragen. Hierbei sollte nicht zuviel Farbe in die Fugen geraten. Nachdem auch die Abdeckplatten einen Farbauftrag mit der bekannten Betonfarbe erhalten haben, wirkt die Mauer noch etwas „leblos"

Die Betonfarbe wird nochmals stark verdünnt und dient nun als erste Lasurfarbe. Sie wird zwangsläufig in die Ritzen und Spalten des Mauerwerks eindringen. Zum Abschluss wird mit einem dunklen Grün (z.B. Anita Decor „Antik-Grün") nochmals lasiert und die Algen und Moose scheinen von unserer Mauer Besitz genommen zu haben.

Die Mauer am Feuerlöschteich

Neben der Brauerei befindet sich ein aufgestauter Feuerlöschteich, wie er früher sehr häufig anzutreffen war. Die Wasser-Leitungen lieferten meist nicht die erforderlichen Mengen, so dass im Brandfall die Feuerwehr, speziell bei Industriegebäuden die in ländlichen Gegenden lagen, auf solche Teiche angewiesen war.

Da hinter dem Teich die Landstraße ansteigt, ist auch hier wieder eine Stützmauer erforderlich. Hinter der Straße ist ein Granitfels zu erkennen, also sollte in diesem Fall auch die Mauer aus Granit bestehen. Wie bei der Mauer am Feldweg werden auch hier wieder die Abgüsse erstellt. Für die Farbgebung beginnen wir mit der inzwischen bekannten Betonfarbe von Heki, die mit Wasser im Verhältnis 1:1 angemischt wurde. Diese Farbe wird nun in mehreren Schichten auf die Mauer und die Abdecksteine deckend aufgetragen. Nachdem diese Farbschichten gut durchgetrocknet sind wird mit einem harten Flachpinsel die Granitfarbe (siehe Kapitel Steine und Felsen) wie beim Granieren, jedoch flächendeckend, aufgebracht.

Wieder sollte nicht zuviel von dieser dunklen Farbe in die Fugen geraten. Zum Schluss werden mit der Granierfarbe von der Betonunterführung (weiß mit grün) die Strukturen betont. Hierbei kann man ruhig etwas mehr Farbe verwenden, bis die einzelnen Steine plastisch hervor stehen.

In der gleichen Art werden die restlichen notwendigen Stütz- und Begrenzungsmauern hergestellt und bleiben bis zum Begrünen mit den diversen Materialien in diesem Zustand.

Steine und Felsen

Viele Wege führen nach Rom!

Dieser Spruch trifft bestimmt beim Darstellen von Felsen im Modellbau zu. Jeder hat so seine Lieblingsmethode: ob aus Styrodur oder Bauschaum geschnitzt, mit Pappmaché geklebt oder in den verschiedensten Arten aus Gips geformt. Die Ergebnisse sind in vielen Fällen nicht sehr überzeugend, aber wahrscheinlich ist das auch Ansichtssache. In diesem Kapitel werde ich zwei unterschiedliche Methoden der Felsgestaltung aus Gips beschreiben.

Abgüsse aus Formen

Nicht jeder hat das Talent, seine Felsen aus dick aufgetragenem Gips zu schnitzen, aber der gut sortierte Fachhandel hält Silikon- oder Kautschukformen von diversen Herstellern vorrätig. In dem nachstehend gezeigten Beispiel habe ich mich für eine Form von Woodland Scenics, im Vertrieb von Noch, entschieden. Wie auch bei der Verwendung von Spörle-Formen wird diese Form mit dünnflüssigem Gips erstellt. Beim Auslösen aus der Form bricht der Abguss auf Grund seiner Größe häufig durch. Dies ist jedoch nicht weiter tragisch, da es ohnehin besser wirkt, wenn einzelne Stücke verarbeitet werden.

Der Untergrund im Rohbau wird den einzelnen Stücken angepasst, das heißt, aus dem Hartschaum werden Stücke ausgeschnitten, damit der Felsen eingebaut werden kann. Hier ist Kreativität gefordert, damit die gesamte Partie nicht zu eintönig wird. Bei Spaziergängen in entsprechenden Gegenden sollte man sich einmal mit offenen Augen solche Felspartien anschauen und am Besten Fotos für die spätere Erinnerung machen. Da Gestein in der Realität fast immer in Schichten vorkommt, die im Laufe von Millionen Jahren aufgefaltet und durch Verwerfungen wieder gebrochen wurden, sollte man auf jeden Fall eine Hauptrichtung der einzelnen Schichten bei größeren Flächen berücksichtigen.

Nachdem alle Bruchstücke lose in den Untergrund eingepasst worden sind, sollte man einige Schritte zurücktreten und das Arrangement auf sich wirken lassen. Noch können Korrekturen leicht vorgenommen werden.

Um nun die Einzelteile zu fixieren, kann man Gips anrühren und die Bruchstücke damit einbetten. Jedoch hat diese Methode den Nachteil, dass der Gips im Becher sehr schnell abbindet und man laufend neuen Gipsbrei anrühren muss. Aus diesem Grund habe ich mich für das „Ankleben" mit Instant Spachtel, erhältlich von diversen Firmen im Baumarkt, entschieden. Damit dieser Spachtel, gleiches gilt auch für Gips, einen besseren Halt auf dem Hartschaum-Rohbau und den Bruchstücken des Felsens bekommt, werden sowohl der Rohbau, als auch die Rückseiten der Stücke mit der Blumenspritze gut angefeuchtet.

Sinnvoll ist es, die Einzelteile und die Aussparungen im Rohbau mit Zahlen zu kennzeichnen. Ebenfalls sollte auf dem Felsstück die Lage mit einem Pfeil versehen werden, damit Verwechselungen oder ein verdrehter Einbau ausgeschlossen sind.

Nun wird die Einbettmasse satt auf den Rohbau aufgebracht und sofort das entsprechende Felsstück vorsichtig angepresst.

Alle Stücke sind auf diese Art fixiert und nochmals wird die Anordnung und Lage überprüft.

Nach dem Durchtrocknen werden die Stücke auf ihren festen Halt hin überprüft und dann Gips angerührt, um nun die Spalten zwischen den Einzelteilen zu „verfugen". Man braucht hier nicht allzu sorgfältig zu arbeiten, da durch die spätere Begrünung ohnehin von den Zwischenräumen nicht mehr viel zu sehen sein wird.

Der weiche und äußerst saugfähige Gips muss nun eine Tiefgrundierung erhalten. Viele Modellbauer schwören auf den Tiefgrund von Caparol. Dies ist sicherlich eine der besten Möglichkeiten, jedoch nicht überall erhältlich. In Ihrem Baumarkt sind diverse andere Grundierungen erhältlich; ich habe mich für den „Fester Grund EXTRA" von Faust entschieden, der sich nicht nur ausgezeichnet aufbringen lässt, sondern auch noch Lösungsmittelfrei ist. Diese Grundierung kann man unverdünnt mit einem weichen Pinsel auf die Abgüsse und den Gips in den Spalten verstreichen.

Im vorliegenden Fall ist die Felsart durch die Formgebung bereits vorgegeben: Granit. Dieser muss nun die richtige Farbe erhalten. Es wird sicher nicht jedem auffallen, wenn die Farbgebung nicht zur Struktur des Gesteins passt, aber wir wollen ja ein realistisches Abbild der Natur erschaffen!

Die Grundfarbe für Granit ist ein sehr helles Grau/Blau und wird wie folgt angemischt:

1 Teil braun, 1 Teil blau, 6 Teile weiß und 7 Teile Wasser, dem noch etwas Netzmittel (Agepon, Ochsengalle oder Spülmittel) hinzu gegeben wurde. Bitte wirklich gut verrühren! Abtönfarben aus dem Baumarkt reichen für diesen Zweck vollkommen aus.

Diese Mischung wird mit einem weichen Pinsel auf die gesamte Felsformation aufgetragen. Aber bitte nur so dick, wie unbedingt nötig, schließlich wollen Sie ja nicht die feinen Strukturen im Abguss zuschmieren. Wenn einzelne Stellen heller sind, aber nicht der nackte weiße Gips durchkommt, so ist dies durchaus in Ordnung und sorgt für ein noch glaubwürdigeres Abbild der Vorbildsituation.

Nach ca. 1-2 Tagen ist diese Farbschicht durchgetrocknet und wird mit der Lasurfarbe weiter bearbeitet. Diese Farbe wird folgendermaßen angemischt:

4 Teile schwarz, 3 Teile Braun, 3 Teile Grün und 6 Teile Wasser (wieder mit Netzmittel).

Wenn Sie noch nicht in der Wischtechnik geübt sind, empfehle ich, dieses erst an einem Probestück aus zu probieren. Sicher haben Sie noch einen „missratenen" Abguss vom Felsen übrig. Diesen benutzen Sie bitte als Probestück. Ich mache dies häufig auch, wenn ich mir der Wirkung der Farben nicht sicher bin. Präparieren Sie bitte das Probestück wie oben beschrieben und dann geht es los: Die Lasurfarbe wird mit einem weichen Pinsel satt auf den Felsen aufgetragen.

Mit einem feuchte Schwämmchen wird die Farbe sogleich wieder von den Vorsprüngen mehr oder weniger abgewischt.

Das Schwämmchen sollte zwischendurch ausgewaschen werden und immer trockener den überflüssigen Teil der Farbe abnehmen. Haben Sie einmal zuviel abgewischt, kein Problem: das Schwämmchen wird mit einer Ecke in die Farbe getaucht und über das zu helle Stück Fels gezogen.

Bearbeiten Sie Felspartie für Felspartie in dieser Weise, versuchen Sie nicht alles auf einmal zu lasieren, die Farbe trocknet manchmal schneller als Ihnen lieb sein kann.

Um die Spitzenlichter zu setzen, benötigen wir wieder die Granierfarbe vom Mauerwerk (Weiß/Grün). Diese Spitzenlichter entstehen aus Kalkauswaschungen, in deren Kristalle sich das Sonnenlicht bricht. Sie verhelfen unserem Modellfelsen zu seiner feinen Struktur und lassen ihn bedeutend plastischer erscheinen. Nebenbei hellt diese Methode die gesamte Partie wieder auf, so dass das wenige Licht, das wir unseren Anlagen spendieren, nicht so stark ins Gewicht fällt. Die folgenden Bilder zeigen, wie der Pinsel bei dieser Arbeit richtig geführt wird, um zu einem guten Ergebnis zu kommen:

Lassen Sie den Fels nach dem Granieren einen Tag gut durchtrocknen, die weißen Stellen sehen in aller Regel danach viel heller aus. Sollte es Ihnen dann noch zu dunkel sein, können Sie nochmals nach granieren.

Übrigens: Mein Probestück

Nun sieht unser Granitfelsen schon ziemlich realistisch aus, jedoch werden Sie im Mittelgebirge nur sehr selten solche kahlen Felsen antreffen! Durch Verwitterung und mit Hilfe des Windes entstehen sehr schnell kleine Ablagerungen von Humus in den Felsspalten. Auch Flechten und Moose werden schnell einen nackten Felsen überziehen. Dies muss natürlich auch im Modell dargestellt werden, wenn man keinen Steinbruch bauen will.

Mit Hilfe von Matt-Kleber, zum Beispiel von Reinershagen oder mit Flexkleber von Anita Decor ist eine „natürliche" Verwitterung einfach nach zu ahmen. Man mischt den Kleber mit Wasser im Verhältnis 1:2 und verteilt ihn mit einem alten weichen Pinsel auf der gesamten Partie. Man sollte dabei darauf achten, dass auf den mehr oder minder waagerechten Stellen und in den Vertiefungen mehr Leim verbleibt als auf den steilen Abschnitten.

Mit einer kleinen Schaufel wird nun Waldboden, z. B. von Anita Decor, mit einigen grünen Flocken vermischt, von oben über den Felsen gerieselt.

An den senkrechten Stellen kann man den Waldboden mit Hilfe eines Pinsels regelrecht anwerfen und so auch hier den Verwitterungsgrad bestimmen. Nach ca. 1 Stunde kann dann mit einem weichen Pinsel wieder Material, das einem zu viel erscheint, abgewischt werden. Wie viel man entfernt ist zum Einen Geschmacksache und zum Anderen auch, wie vorne gesagt, verwitterungsabhängig.

Gesteinsbrocken

Um später die Umgebung, hier soll eine Wiese entstehen, realistisch zu gestalten, benötigen wir noch einige Bruchstücke aus Abgussresten. Diese werden in ca. 0,5 bis 3 cm kleine Stücke gebrochen und kurz in die Grundfarbe Granit eingelegt.

Nach ca. einer Minute sind die Teile mit Farbe voll gesogen und müssen nun zum Trocknen auf einen saugfähigen Untergrund (Zeitungspapier) gelegt werden.

Nachdem alle Teile vollständig durchgetrocknet sind, werden sie kurz in die mit Wasser im Verhältnis 1:4 verdünnte Lasurfarbe des Granits geschwenkt und wieder zum Trocknen abgelegt.

Diese Teile werden jetzt zur Seite gelegt und kommen erst bei der Begrünung des Berghangs zum Einsatz.

Der Felsen am Weiher

Eine andere Art, individuelle Felsformationen darzustellen, ist mühseliger und erfordert Talent und viel Übung. Hier geht es nun um den Eigenbau aus Gips. Ob die Gipsschicht auf Spanten und Drahtgewebe aufgebracht wird, oder wie im vorliegenden Fall auf einen Rohbau aus Hartschaum, macht nur im ersten Schritt einen Unterschied. Beim Auftragen auf Drahtgewebe hat es sich bewährt, Gipsbinden als unterste Lage zu verwenden, damit die ganze Sache den richtigen Halt bekommt. Alternativ kann jedoch die erste Schicht ziemlich dünnflüssig aufgebracht werden, damit sie ins Drahtgewebe eindringt und sich so regelrecht verzahnt. Wenn unter dem „Felsen" jedoch Gleise verlaufen, sind diese wirkungsvoll abzudecken, da zwangsläufig Gipstropfen den Weg nach unten finden und diese mit tödlicher Sicherheit wichtige Teile blockieren.

Beim Aufbringen auf Hartschaum muss ebenfalls eine gute Verbindung der Gipsmasse mit dem Untergrund erreicht werden. Diese kann man einfach dadurch erzielen, indem man den Styrodur mit einem Schraubendreher oder Ähnlichem regelrecht löchert.

Danach kommt wieder die Blumenspritze zum Einsatz und befeuchtet den gesamten Bereich. Der erste Gipsauftrag erfolgt sehr flüssig. Natürlich wird der größte Teil der Masse regelrecht nach unten wegfließen, aber das spielt keine Rolle.

Die zweite Schicht Gips wird direkt danach normal angemischt und auf die noch feuchte erste Lage mit einem geeigneten Spachtel aufgetragen. Sollte zwischen den beiden Aufträgen zuviel Zeit vergangen sein, so dass die erste Schicht nicht mehr nass ist, muss diese unbedingt mit Wasser wieder gut angefeuchtet werden, andernfalls wird die zweite Schicht nicht ausreichend haften!

Bereits beim Auftragen formt man mit dem Spachtel grob die spätere Felsstruktur, somit hält sich das Schnitzen am fast trockenen Gips in Grenzen. Üben Sie dies bitte an einem oder mehreren Probestücken außerhalb der Anlage. Auch hier gilt uneingeschränkt: Übung macht den Meister.

Wenn man in dieser Technik genug Übung hat, wird man zwangsläufig auch sehr viel schneller und kann den feuchten Gips direkt nach dem Aufbringen mit dem Spachtel bearbeiten, bzw. schnitzen. Da die meisten von Ihnen sicher noch nicht in diesem Tempo arbeiten können, müssen Sie den Gips auf jeden Fall feucht halten. Dies geht wieder mit der Blumenspritze oder auch über Nacht mit einem feuchten Tuch, das über das zu bearbeitende Stück gedeckt wird. Ist der Gips bereits härter geworden, muss man zum Schnitzmesser oder, was ich lieber verwende, zum Stecheisen greifen. Es gibt in Baumärkten häufig sehr preiswerte Stechbeitel-Sätze im Angebot, diese sind zwar für anspruchsvolle Holzarbeiten nicht sonderlich gut geeignet, aber in unserem Fall erfüllen sie ihren Zweck. Ein Blatt Sandpapier hilft den Stechbeitel bei der Arbeit am Gips scharf zu halten.

Kleiner Tipp: Wenn in das Anmachwasser für den Gips etwas Torfmehl eingestreut wird, bleibt die Masse länger weich und verliert kaum etwas von ihrer Festigkeit

In dem vorliegenden Fall wird ein roter Sandstein herausgearbeitet und entsprechend coloriert.

Da ich in dem weichen Gips weitergearbeitet habe, konnte ich die feinen Spalten zwischen den Gesteinsschichten mit einem kleinen Palettmesser darstellen. Ist der Gips erst einmal härter, benötigen Sie dafür ein scharfes, stabiles Schnitzmesser.

Beim Bearbeiten des Felsens sollte man häufig mit einem nicht zu harten Pinsel die losgebrochenen Stückchen abfegen.

Genau wie beim Felsen aus der Giesform wird der trockene Gips zunächst mit einem Tiefgrund überzogen. Danach kommt die Grundfarbe des Gesteins an die Reihe, in diesem Fall Sandstein von Heki im Verhältnis 1:2 mit Wasser verdünnt. (Netzmittel nicht vergessen, sonst läuft die Farbe nicht in die Poren!)

Wenn alle Partien der Felsformation deckend angestrichen sind und alles absolut trocken ist, können die Einschlüsse dargestellt werden. Gerade im Sandstein finden sich alle möglichen Erze und Manganablagerungen! Kupfer zum Beispiel erzeugt im roten Felsen grünliche Stellen. Dies wird mit Hilfe von moosgrüner Farbe, die unregelmäßig auf den Felsen aufgestrichen wird, dargestellt. Vertiefungen erscheinen deutlicher, wenn man etwas dunkelbraune Farbe an diese Stellen verteilt. Die Farbe sollten etwas verlaufen und zum Rand hin dünner werden. Dies wird erreicht, indem man mit dem Pinsel und etwas Wasser die frische Farbe an den Konturen etwas verwischt.

Wieder einmal muss Alles gut durchtrocknen und die gleiche Lasurfarbe wie beim Granitfelsen wird mit dem bekannten weichen Pinsel satt aufgetragen. Nachdem unser Schwämmchen wieder zum Einsatz gekommen ist und die Lasurfarbe zum größten Teil wieder abgewaschen hat, kann man immer noch das Grün des Kupferoxids erkennen. Das Foto zeigt die Felswand direkt nach dem Abwischen, die Farbe ist noch feucht.

Wieder wird die Felsstruktur durch Lasieren mit dem gebrochenen Weiß hervorgehoben. Hier kann man ruhig etwas mehr granieren, da der Felsen auf Grund der Feuchtigkeit in Seenähe sehr stark verwittert sein dürfte und Sandstein in aller Regel einen hohen Kalkanteil hat.

Der Eindruck der Verwitterung wird, wie beim Granitfelsen, wieder mit Mattkleber und Waldbodenstreu erzeugt.

Die weitere Ausgestaltung der Felsen wird im Kapitel Natur ausführlich gezeigt.

Gewässer
Feuerlöschteich, Weiher, Bachlauf, Wehr

Vorbemerkung

Es gibt viele Möglichkeiten im Modell Wasser nach zu bilden. Von Gießharz bis zum Instant Water ist die Palette der im Fachhandel erhältlichen Produkte inzwischen gut abgedeckt. Jedes dieser Produkte hat seine Vor- und Nachteile, das ideale „Modellwasser" gibt es (noch) nicht. Vor einigen Jahren habe ich einen Artikel im Eisenbahn Journal veröffentlicht unter dem Titel „Wasser stinkt nicht". Hier habe ich zum ersten Mal gezeigt, wie mit Hilfe von Fenster-Mal-Farben einfach und preiswert eine Wasseroberfläche gestaltet werden kann. Inzwischen ist diese Technik von mir weiterentwickelt worden, und ich werde in dem folgenden Kapitel zeigen, wie sowohl stehende, als auch fließende Gewässer glaubwürdig und mit relativ geringem Aufwand erstellt werden können.

Window-Colors sind von einigen Anbietern im Fachhandel erhältlich, jedoch haben nicht alle die gleichen Eigenschaften. Die Produkte von Marabu, Verkaufsname „fun and fancy", sind relativ dickflüssig und fließen während des Trocknens nur wenig auseinander. Diese Eigenschaft macht sie für unsere Zwecke, der Darstellung von Wellen, bestens geeignet.

Der Bachlauf am Bahndamm

Im Kapitel Mauerwerke haben wir uns unter Anderem mit dem Wasserdurchlass am Bahndamm beschäftigt. Nachdem die notwendigen Mauerwerke fertig gestellt sind, geht es nun um die Gestaltung des Bachlaufs.

Das in den Rohbau geschnittene Bachbett wird mit einer kleinen Raspel aufgerauht. Damit die Erde, die den Bachgrund bildet, in dem starken Gefälle nicht durch den dünnflüssigen Leim weg gespült wird, wird zuerst eine schwarze Farbe satt auf den Rohbau aufgetragen. Direkt in die nasse Farbschicht wird die bekannte Gartenerde eingestreut und erhält somit ihre erste Fixierung.

Wenn die Farbe gut durchgetrocknet ist, ca. 1 Tag, wird die Erde mit der Sprühflasche angefeuchtet und verdünnter Holzleim, wie beim Schottern der Gleise, wird über den gesamten Bachlauf aufgetragen.

Nach dem Trocknen wird mit einem Staubsauger das lose Streumaterial gründlich abgesaugt. Sollte dabei wieder die schwarze Farbe auf dem Bachgrund zu sehen sein, muss die Prozedur wiederholt werden. Danach kommt unser „Wasser" zum Einsatz. Window Color kristallklar wird mit einem nicht haarenden weichen Pinsel satt auf den vorbereiteten Bachgrund aufgetragen. Dies geschieht am Besten, wenn direkt aus der Flasche die zunächst weiße Farbe ins Bachbett gedrückt und anschließend mehr oder weniger gleichmäßig verteilt wird.

Im Laufe der Trockenzeit wird die Anfangs noch weiße Farbe transparent und zeigt somit alle Details des Bachgrundes. Da dieser vorher bewusst nicht glatt gearbeitet wurde, zeigen sich jetzt bereits die erwünschten Wellen.

Jetzt fehlt nur noch die weiße Gischt! Mit der vom Felsgestalten bekannten Granierfarbe (weiß/grün) wird nun vorsichtig mit einem harten Flachpinsel von unten nach oben sehr wenig Farbe aufgebracht. Auch hier gilt wieder: lieber mehrmals wenig auftragen, als einmal zu viel.

Die Schaumfahnen sind jetzt zwar gut zu erkennen, haben jedoch noch einen Fehler: sie glänzen nicht! Dies wird mit einer zweiten Schicht Window Color kristallklar nachgeholt. Hierbei wird sehr unregelmäßig aufgetragen, um den Wellenverlauf zu betonen.

Nachdem die Wiese rund um den Bach fertig gestellt wurde und ein paar Filigranbüsche und Efeu gepflanzt worden sind, ergibt sich das gewünschte Bild. Schade, dass zum Schluss an dieser Stelle auch noch Weiden platziert werden müssen und fast Alles wieder überdecken.

Nach dieser kleine Fingerübung wenden wir uns einem etwas größeren Gewässer zu.

Der Weiher am Feldweg

Im Kapitel Rohbau haben wir bereits den Teichgrund aus dem Hartschaum ausgeschnitten und mit der kleinen Raspel in Form gebracht. Nun geht es an die Gestaltung des Teichgrundes.

Verdünnter Holzleim wird auf den Boden aufgestrichen und mit der Gartenerde bestreut.

Die Darstellung der Wasserpflanzen kann mit allem möglichen Grünzeug vorgenommen werden. Durch die spätere Einfärbung und die Wellenstruktur der Oberfläche sind diese Pflanzen nur noch schemenhaft erkennbar. Ich bevorzuge für die Unterwasserpflanzen Laubreste von miniNatur, die meine Frau beim Bauen der Bäume übrig hält. In unregelmäßige Stücke geschnitten werden diese direkt auf den Boden geklebt. Als Kleber hat sich hierfür der Alleskleber Rot von Tesa bestens bewährt.

Wenn die Bepflanzung zur eigenen Zufriedenheit ausgefallen ist, wird die beim Rohbau vorbereitete Plexiglasscheibe nun zur Kontrolle auf den Rand gelegt. Da diese Scheibe die Höhe des Wasserstands simuliert, kann jetzt der Bereich im Wasserdurchlass bis zu diesem Niveau dunkler eingefärbt werden; schließlich liegt er „unter Wasser".

Wieder kommt der Alleskleber zum Einsatz. Der flache Rand wird satt mit dem Kleber eingestrichen und die Scheibe aufgelegt; vergessen Sie nicht, die untere Schutzfolie vorher zu entfernen. Einige Gewichte pressen das Plexiglas bis zum Abbinden des Klebers an.

Jetzt kommt der Abdeckrand an die Reihe. Beim Rohbau hatten wir den Rand aus Styrodur bereits grob zugeschnitten und zur Seite gelegt. Dieser Rand wird auf der Scheibe, ebenfalls mit Alleskleber, fixiert. Vorher wird natürlich die obere Schutzfolie entfernt.

Die Umrandung, die das Ufer darstellt, wird mit dem Cuttermesser nach den eigenen Vorstellungen angepasst. Rechts am Weiher soll ein verfallener Anlegesteg die Szene beleben. Also müssen die späteren „Bewohner" der Anlage auch irgendwie an den Steg gelangen. Eine Treppe, in diesem Fall aus einer Spörle-Form, führt vom Feldweg zum Teich. Aus dem Hartschaum wird eine passende Neigung ausgeschnitten und die Betontreppe eingeklebt.

Das „Ufer" wird farblich dem Rest des Rohbaus angepasst und die Treppe wird mit den bekannten Betonfarben auf Alt getrimmt. Jetzt wird mit Hilfe der Gartenerde, die zum Teil auf den Randbereich der Treppe und auf die unmittelbare Umgebung aufgebracht wird, der verwahrloste Zustand noch weiter hervorgehoben. Es kann ruhig etwas Erde auf den Rand der Plexiglasscheibe gelangen, es simuliert dadurch ein langsam abfallendes Ufer.

Der Anlegesteg muß nun in die Wasseroberfläche eingebaut werden. Dazu zeichnet man die Füße mit einem entsprechenden Filzschreiber auf der Scheibe an, und bohrt entsprechend große Löcher. Wenn man im Freien oder in einem gut belüfteten Raum arbeitet, kann man die notwendigen Löcher in der Plexiglasscheibe auch mit dem Lötkolben herstellen.

Die Ränder der Löcher werden vorsichtig entgratet und der Steg eingesetzt. Kleber kann man sich hier ersparen, da die folgende Verwendung von Window Color eine ausreichende Befestigung ergibt.

Da es sich im Falle des Weihers nicht um einen klaren Bergsee handelt, muss die Tiefe des Wassers dem Betrachter suggeriert werden. Auf Grund der Schwebstoffe im Wasser, Algen, Schmutzpartikel und Ähnlichem erscheint das Wasser in der Natur immer dunkler, je tiefer es ist. Dies kann durch den Auftrag von halbtransparenten Farben erreicht werden. Je nach Vorbildsituation kommen hier grüne bis lehmbraune Farben zum Einsatz. Wasser ist in den seltensten Fällen blau!

Mit den Farben Olivgrün und Russischgrün von Marabu Window Color wird in diesem Fall die Oberfläche eingefärbt.

Im Verhältnis 1:1 werden die beiden Farben angemischt und sofort auf die Plexiglasscheibe aufgetragen. Dabei geht man so vor, dass zum Rand hin der Farbauftrag immer dünner wird und somit nach dem Trocknen weniger intensiv erscheint.

Je dicker der Farbauftrag, je dunkler wirkt das Wasser und täuscht so die nicht vorhandene Tiefe vor.

Nun beginnt die Gestaltung der Uferzone am Weiher. An sich gehört die Beschreibung dieser Arbeit in den Bereich von Kapitel Natur, jedoch würde das Thema dann zu sehr auseinander gerissen und der Sinn als Nachschlagewerk wäre nicht mehr gegeben. Falls Sie bei der Verarbeitung der jetzt folgenden Produkte Schwierigkeiten haben, bitte ich Sie, bei den entsprechenden Themen dort nach zu schauen.

Am Beispiel des Weihers werde ich Ihnen zeigen, welche verschiedenen Möglichkeiten der glaubwürdigen Ufergestaltung mit den Produkten aus den Häusern miniNatur und Anita Decor vorhanden sind.

Beginnen wir im Bereich der Felswand. Hier haben sich im Laufe der Zeit verschiedene Sumpfpflanzen angesiedelt. Heideboden Sommer von miniNatur wird in kleine Stücke geschnitten und direkt auf den Rand der eingefärbten Scheibe geklebt. Dies geschient wieder mit dem Tesa Alleskleber. Das relativ starke Gewebe dieser Stück wird am Rand dünner geschnitten und gut angedrückt.

Dieser Bereich wirkt jetzt schon sehr realistisch und erfreut mit seinem frischen Hellgrün das Auge des Betrachters. Man kann diesen Effekt noch steigern, indem man auf den Heideboden noch Grasbüschel in der Ausführung „lang, Sommer" auf bringt.

Mit diesem Material lässt sich niedrig gewachsener Schilf darstellen. Von den Ästchen werden die kleinen Büschel abgeschnitten und Stück für Stück in den Bereich geklebt. Eine sehr mühselige Arbeit, aber die Wirkung macht dies wett.

Hinter dem Anlegesteg wird die Schwertlilie von Anita Decor verwendet. Die einzelnen Stauden werden etwas auseinander gezogen und der unterste, haarig erscheinende, Teil abgeschnitten. Da der Alleskleber ziemlich lange Zeit bis zum Abbinden benötigt, verwenden wir hier UHU-Hart. Die einzelnen Stauden werden dicht an dicht auf die Oberfläche geklebt; nahe zum Ufer die größeren, zum Teich hin die kleineren Büschel. Wenn man die letzte Reihe zur Teichmitte etwas schräg anklebt, ist der Eindruck, den diese Pflanzen erzeugen, nahezu perfekt.

Der Weiher scheint durch die Bepflanzung nun regelrecht zu leben, jedoch fehlt noch die bewegte Wasseroberfläche. Als Erstes wird die Oberfläche mit einem weichen Pinsel und einem Staubsauger gründlich gereinigt und das Ruderboot aufgeklebt.

Beim Rohbau wurde der Zufluss zum Weiher nicht durchgehend unter dem Feldweg ausgearbeitet. Der Wasserdurchlass aus Beton kaschiert zwar schon einen Teil, jedoch mit der richtigen Bepflanzung im Teich ist die Illusion eines Zulaufs erreicht. Hier, an dieser Stelle, verwenden wir „Spruce Fine" von Anita Decor.

Jetzt wird Window Color kristallklar direkt aus der Flasche auf dem Teich verteilt.

Die Farbe wird mit einem kleinen, nicht haarenden, Pinsel gleichmäßig auf der gesamten Fläche verteilt. Um die Wellenform realistisch zu gestalten, sollte man sich zunächst über die darzustellende Situation Gedanken machen. Starker Wind, Strömung oder ruhiges Wasser zeigen total unterschiedliche Wellen. Im vorliegenden Fall gehen wir davon aus, dass im Ruderboot ein Angler gerade sein Erfolgserlebnis hatte und begeistert seinen „großen Fang" dem Kollegen am Anlegesteg zeigt. Dazu ist er aufgestanden, das Boot schaukelt bedenklich und erzeugt so ringförmige Wellen. (Ob der Petri-Jünger bei dieser Gelegenheit ins Wasser gefallen ist, ist leider nicht überliefert). Diese Wellen haben ihren Ursprung am Ruderboot und somit werden von diesem ausgehend ringförmig mit einem kleinen Pinsel die Wellen geformt.

Nach dem Trocknen der klaren Farbe stellt sich der ansonsten ruhige Weiher so dar:

Das Wehr am Feuerlöschteich

Früher einmal wurde der Teich, der aus einer so genannten Topfquelle gespeist wurde, für das Bier brauen dringend benötigt. Jedoch auch um 1960 wurden die Felder bereits überdüngt und das Quellwasser war irgendwann nicht mehr zum Brauen geeignet. Als Feuerlöschteich wurde das Gewässer aber weiterhin benötigt. Leider wird dieses Thema auf den meisten Modellbahnanlagen sträflich vernachlässigt. Es gab in der Zeit bis ca. 1970 fast keine Fabrik oder größere öffentliche Anlage, die nicht über ein entsprechendes Wasser-Reservoir verfügte. Diese Situation bildet willkommenermaßen den Grund, das alte Wehr in einem noch funktionsfähigen Zustand abzubilden.

Der Boden des Teichs wird mit einer dunklen Farbe gestrichen und das Wehr eingepasst.

Die Gartenerde bildet wieder den Teichboden und in diesem Fall auch den Uferbereich.

Eine Bepflanzung des Gewässers kann in diesem Fall unterbleiben, da die Oberfläche fast undurchsichtig werden wird. Eine Plexiglasscheibe dient wieder als Wasseroberfläche und wird nach dem Festkleben mit der angemischten Fenstermalfarbe bestrichen. Da der Teich durch die „Überdüngung" einen extrem guten Nährboden für Algen aller Art bildet, kann der Auftrag ruhig dick erfolgen. Schließlich ist dies ja der Grund, warum dieses Gewässer heute nur noch als Löschteich genutzt wird.

Das Unterteil vom Wehr wird eingeklebt und der Abfluss kann gestaltet werden. Dünnflüssiger Gips wird rotbraun eingefärbt und entsprechend in diesen Bereich gegossen. In den noch weichen Gips werden alle möglichen Steinchen, Äste oder auch Müll (altes Fahrrad, Tonne, Kiste und was sonst noch in der Restekiste zu finden ist) eingedrückt.

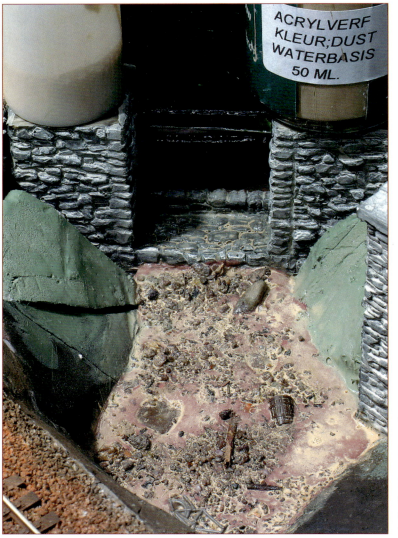

Die braunrote Farbe wird nach dem Abbinden des Gipses mit stark verdünntem lichten Ocker (z.B. von Anita Decor) überpinselt. Dabei nicht gleichmäßig arbeiten! Einige Stellen sollten heller, andere dunkler erscheinen, damit das Bachbett glaubwürdiger wirkt.

Nun gilt es, das Wasser, das aus dem geöffneten Wehr hervor schießt, zu imitieren. Auf Grund der Stauhöhe wird das Wasser in einem regelrechten Schwall unter der angehobenen Absperrung hervortreten. Dies kann nicht allein mit den bekannten Fensterfarben dargestellt werden.

Ein Stück durchsichtige Plastikfolie wird passend zurecht geschnitten und mit einem Fön über ein Rundholz oder Ähnliches in Form gebracht und in Längsrichtung mehrfach eingeschnitten. Diese Folie wird dann in die Öffnung des Wehrs eingeklebt und bildet die Basis für die weiteren Arbeiten. Die einzelnen Streifen werden jetzt mit Kleber in leicht unterschiedlichen Höhen fixiert. Window Color kristallklar wird jetzt über die Folie und das Bachbett verteilt.

Bisher sieht die Sache nicht glaubwürdig aus, weil die Gischt, die sich an einer solchen Stelle bilden würde, noch fehlt. Watte wird passend zurecht gezupft und in die noch klebrige Farbe vorsichtig eingedrückt. Mit einer Pinzette werden dann die oberen Lagen der Watte aufgelockert und auf diese Weise die Wasserwalze geformt.

Nachdem die Fensterfarbe komplett durchgetrocknet ist, erhält die Watte einen Auftrag mit Klarlack aus der Sprühdose oder dem Airbrush, um die notwendige Festigkeit zu schaffen. Ob der Klarlack glänzend oder matt ist, spielt keine Rolle, da eine weitere Schicht Window Color erforderlich ist, um die Wellen darzustellen.

Die Umgebung des Wehrs wird mit Felsresten gestaltet und mit „Wiese, Früherbst" von miniNatur begrünt.

Anschließend wird das Wehr mit der Absperrung und dem Oberteil komplettiert und eine weitere Schicht Window Color sorgt dafür, dass eventuelle Ritzen und Löcher im Bereich des Wehrs verschlossen werden. Kleine Ästchen von Filigranbüschen vervollständigen die Szene und ein entsprechendes Preiserlein wird an der Kurbel platziert, damit dem Betrachter klar ist, warum der Teich bei geöffnetem Wehr noch einen so hohen Wasserstand hat.

Die Wellen auf dem Feuerlöschteich werden in der gleichen Art wie beim Weiher dargestellt. Hier entsteht allerdings durch das Öffnen des Wehrs eine Strömung in Richtung Ablaufstelle, also werden die Wellen auch entsprechend geformt.

Zum Abschluss noch einmal das Wehr mit dem passenden Baumbestand:

Die Natur in Ihrer Vielfalt
Wiesen, Gräben, Wälder, Wegränder, Feuchtgebiete

Die Begrünung

Neben den Nutzflächen, Feldern und Weiden kommt auf diesem Anlagensegment auch die „wilde Natur" zu ihrem Recht.

In diesem Kapitel wird beschrieben, wie die unterschiedliche Vegetation der Wirklichkeit ins Modell umgesetzt werden kann. Mit den hervorragenden Materialien von miniNatur ist dieses viel einfacher, als allgemein bekannt. Immer wieder sind die Teilnehmer unserer Landschafts-Seminare überrascht, dass sie nach zwei Tagen in der Lage sind, die Natur glaubwürdig ins Modell umzusetzen. Natürlich braucht es bis zur Perfektion eine Menge Übung und auch manchmal einen Misserfolg.

Wenn Sie dieses Buch als Vorlage für die Gestaltung Ihrer Anlage nutzen wollen, empfehle ich Ihnen, alles erst einmal an einem kleinen Diorama auszuprobieren. So mache ich es auch, wenn ich wieder etwas Neues ausprobiere.

„Es ist noch kein Meister vom Himmel gefallen."

Im Folgenden werden die unterschiedlichen Wiesenarten in ihren Farben und in der Verarbeitung genauso beschrieben, wie die Gestaltung der Ränder an Feldwegen oder der Eisenbahntrasse, der Bewuchs an Mauerwerken oder auf Felspartien, das Anlegen eines Trampelpfades und vieles mehr.

Beginnen wir mit der Begrünung der Stützmauer am Feldweg.

Eine fast zugewachsene Stützmauer

An diesem Beispiel soll gezeigt werden, wie die Natur sich ihr Terrain zurückerobert, wenn der Mensch sie weitgehend in Ruhe lässt. Da der Übergang von der Mauer zum Feldweg fließend ist, wird gleichzeitig die Randgestaltung gezeigt.

Nachdem im Kapitel Mauerwerke die Herstellung der Natursteinmauer gezeigt wurde, kommt jetzt das „Leben" in die Szene. Aus der Gewebematte von miniNatur „Rasen, lang, Frühherbst" werden schmale, kurze Streifen abgeschnitten und auf der späteren Vorderseite unregelmäßig gezackt. Mit Tesa-Alleskleber, der auf der Rückseite des Gewebes aufgebracht wird, werden die einzelnen Streifen direkt auf den Boden vor der Mauer geklebt. Dazu wird mit der Pinzette durch die Fasern das Gewebe gefasst und kurz auf dem Boden angedrückt. Da der Kleber nur langsam trocknet, muss nach ca. 5-10 Minuten das Gewebe nochmals angedrückt werden. Bitte nicht mit den Fingern versuchen, das Stückchen zu drücken, Sie würden nur die Fasern in den Kleber versenken.

Diese Wiese erscheint nun allerdings viel zu gleichmäßig und erhält deshalb an einigen Stellen einen zweiten „Bewuchs". Dazu werden aus der „Wiese Frühherbst" kleine ca. 2-3 cm lange und ca. 1-2 cm breite Stücke unregelmäßig geschnitten.

Das Gewebe wird auf der unregelmäßigen Seite der Stückchen schräg abgeschnitten und mit einigen Tropfen Kleber versehen. Vorsichtig wird nun ein Stück mit der geraden Seite ans Mauerwerk gedrückt und an der abgeschrägten Seite mit der Pinzette in den vorher verlegten Rasen eingestochen.

Auch hier ist wieder nach ca. 5 Minuten ein zweites Andrücken erforderlich. Nachdem mehrere Stückchen Wiese, eventuell auch einige Stückchen „Heideboden Frühherbst" so ihren Platz gefunden haben, wirkt das Gras schon viel lebendiger.

Um den jetzt sehr harten Übergang vom Gras zum Feldweg natürlicher zu gestalten benötigen wir „Grasbüschel kurz und lang" in der Farbe Frühherbst.

Diese kleinen Büschel werden mit der Pinzette von der Trägerfolie abgenommen, auf der Rückseite mit einem Tropfen Kleber versehen und unregelmäßig am Rand verteilt. Da auf einer Folie große und kleine Büschel Gras vorhanden sind, ist es manchmal besser, den Kleber nicht auf die Rückseite aufzubringen, sondern auf ein Stück Plastik. Jetzt kann man mit der Pinzette das Büschelchen vorsichtig in den Kleber eintauchen und dann an die richtige Stelle platzieren. Wer sich die Natur in der Realität anschaut, wird erkennen, dass die einzelnen Grasbüschel zum Weg hin immer kleiner werden. Genauso wird beim „Pflanzen" verfahren. Hauptsächlich benutzt man an dieser Stelle die kurze Version und setzt mit den langen Büscheln nur Akzente. Dadurch entsteht der Eindruck, das sich zwei verschiedene Grassorten hier breit gemacht haben.

Jetzt ist der Bewuchs an der Mauer an der Reihe. Hauptsächlich haben sich hier rankende Kletterpflanzen, Efeu und Ähnliches, angesiedelt. Aus dem Programm von miniNatur bieten sich die verschiedenen Laubsorten in den Farben Frühling oder Sommer an, diese Gewächse im Modell nach zu bilden. Wer mit diesem Material seine Bäume selbst baut, hat bestimmt genügend Reste übrig, die hier ihre Verwendung finden.

An der Modultrennkante, die im Mauerwerk einen unnatürlich wirkenden Riss erzeugt, beginnen wir mit der Arbeit.

Zwei Stücke Laub-Gewebe werden passend zugeschnitten und auf der Rückseite mit einigen Tropfen UHU-Hart versehen.

Mit der Spitze der Pinzette werden die Teile nun an der Trennlinie an die Mauer angedrückt.

Bitte auch hier wieder nur mit der Pinzette arbeiten, da ansonsten die Gefahr besteht, dass der Kleber sich durchdrückt und nach dem Trocknen hässliche weiße Stellen hinterlässt. Sollte dies doch einmal passieren, hilft ein kleines Stück Laub, das auf diese Stelle geklebt wird, das Missgeschick zu verbergen. Auch die Natur ist unregelmäßig und dickere Stellen im Efeu sind absolut nicht ungewöhnlich!

Auf die gleiche Art werden weitere „Efeu-Ranken" an der Stützmauer verteilt. Die Laubstücke können ruhig oben über die Abdecksteine herausragen, sollten jedoch dann auf der Abdeckung aufgeklebt werden. Kletterpflanzen benötigen immer einen Halt und wachsen nicht allein weiter hoch!

Eine weitere Möglichkeit, Bewuchs an Mauerwerken oder auch an Steilhängen zu imitieren, ist die Verwendung von so genannten Filigranbüschen. Diese gibt es in drei verschiedenen Ausführung, von Frühling bis Frühherbst. Diese Filigranbüsche bestehen aus Natur-Rohlingen, die durch eine spezielle Behandlung haltbar gemacht und mit Fasern und sehr feinen Blättern versehen wurden.

Für die weitere Darstellung der Pflanzen an der Natursteinmauer wählen wir die Sorte „Sommer". Mit einer Schere trennen wir ein einzelnes Ästchen von dem Busch ab, schneiden den Stiel möglichst kurz und geben einen Tropfen UHU-Hart darauf. Jetzt wird das Teil an die gewünschte Stelle geklebt. Da hier ein Busch dargestellt werden soll, der sich regelrecht ans Mauerwerk anschmiegt, sind natürlich mehrere Stückchen notwendig, die nach und nach von unten nach oben angeklebt werden. Im Gegensatz zum Efeu wird der Busch dadurch dreidimensional und bietet dem Auge des Betrachters eine willkommene Abwechslung.

Jetzt sieht die ursprünglich deplatziert wirkende Mauer schon viel gefälliger aus. Die letzten Feinheiten werden mit winzigen Filigranbüschen in der Farbe Frühherbst und dem sparsamen Einsatz von Blumen realisiert. Oberhalb der Mauer kommen ein paar Schachtelhalme in der Frühherbst-Version zum Einsatz.

Die Betonunterführung

Nachdem der Beton farblich behandelt worden ist, muss auch hier die schnell wachsende Natur dargestellt werden. Wieder kommen Laubreste als Kletterpflanzen zum Einsatz.

Filigranbüsche werden wieder sehr sparsam als Ergänzung auf den Hang direkt an der Mauer gepflanzt. Kleine Grasbüschel haben auf dem Betonsturz Halt gefunden und ergänzen die natürliche Wirkung.

Jetzt zeigt es sich, dass noch etwas vergessen wurde: Das Geländer, das den Streckenläufer und andere, nicht Befugte, vor dem Absturz auf den Feldweg bewahren soll! Im Programm von Heki ist ein Eisengeländer als Ätzteil erhältlich. Nachdem die einzelnen Pfosten von der Ätzplatine abgezwickt und mit olivgrüner Farbe angestrichen wurden, müssen diese nur noch auf der oberen Betonmauer angebracht werden. Mit einem 1,5 mm Bohrer werden im Abstand von 2,3 cm, welches beim Vorbild ca. 2 m entspricht, Löcher in den Gips gebohrt. Dies geschieht am Besten mit einem Handbohrer, da die Gefahr, dass der Gips beim Verkannten ausbricht, relativ groß ist.

Der lose Gips wird mit einem Staubsauger entfernt, bevor er die Umgebung weiß einfärbt. Mit Sekundenkleber flüssig werden die Pfosten in den Löchern fixiert. Der beigefügte Draht wird durch die Löcher in die Stützen geführt und ebenfalls mit einigen Tropfen Sekundenkleber gesichert. Jetzt werden die beiden Drähte ebenfalls olivgrün angemalt und Alles wird mit Rostspuren versehen.

Nachdem das Geländer auf beiden Seiten des Gleises angebracht und bemahlt wurde, ist die Unterführung fertig.

Die wilde Wiese

An der Einmündung des Feldwegs zur Landstraße liegt ein Stück nicht landwirtschaftlich genutztes Gelände. Hier hat sich die Natur in den letzten Jahren unbehindert ausbreiten können. Mit diversen Produkten aus dem Zubehörmarkt ist es nicht schwierig, den verwilderten Eindruck im Modell entstehen zu lassen.

Wieder werden die Ränder dieses Gebietes mit „Rasen, lang, Frühherbst" beklebt und, wie bei der Stützmauer, werden auch hier wieder kleine Stücke „Wiese Frühherbst" zurechtgeschnitten und helfen, die kleinen Hügel und den ungleichmäßigen Bewuchs darzustellen. In diesem Fall benutzen wir UHU-Hart als Kleber. Leider löst dieser Klebstoff Hartschaum an und es entstehen Dämpfe, die der Gesundheit nicht zuträglich sind. Der Vorteil ist jedoch, dass die Verarbeitung der Wiesen und der anderen Grünpflanzen bedeutend schneller von der Hand geht. Sollten Sie also auch diesen Kleber benutzen wollen, erledigen Sie bitte die Arbeiten im Freien oder sorgen Sie für eine sehr gute Belüftung.

Die kleinen Stücke Wiese werden mit einigen Tropfen Kleber auf der Rückseite versehen.

Nun wird das Stück auf die richtige Stelle gelegt und mit einer spitzen, stabilen Pinzette wird das Gewebe von oben gepackt und in den Styrodur-Untergrund eingestochen.

Dies geht auch, mit etwas mehr Widerstand, durch den vorher aufgeklebten Rasen.

Die linke Hand auf dem Foto drückt nicht die Wiese an, sondern liegt nur ganz leicht auf, damit die Wiese nicht verrutscht!

An beliebiger Stelle des gerade fixierten Wiesenteils wird mit der Pinzette nochmals das Gewebe gepackt und ebenfalls in den Untergrund eingestochen. So vermeidet man jede Gleichmäßigkeit in der Struktur der Oberfläche, schließlich wollen Sie doch keinen Golfrasen erschaffen.

Nachdem mehrere Stücke von dieser Wiese aneinander gearbeitet wurden, kann man noch einige Stückchen „Heideboden, Sommer" untermischen. Dieses Material hat nicht nur einen etwas anderen Grünton, sondern auch eine komplett andere Struktur und sorgt damit für die gewünschte Vielfalt auf der wilden Wiese. Der Heideboden wird genau so wie die Wiese verarbeitet.

Manchmal ist auch sinnvoll und hilfreich, mit zwei Pinzetten zu arbeiten; probieren Sie es selbst aus, jeder entwickelt im Laufe der Zeit seine eigene Technik.

Die fertig geklebte Wiese sieht zwar schon gut aus, jedoch kann selbst das feine Material von miniNatur noch weiter verbessert werden.

Zunächst werden die zum Teil flachgedrückten Grashalme mit einer nicht zu harten Bürste aufgerichtet. Keine Sorge, das starke Gewebe hält diese Prozedur ohne Weiteres aus. Im Nebeneffekt werden lose Halme dabei entfernt, denn diese würden bei der nächsten Arbeit nur stören.

Um die Wiese und den Heideboden etwas farblich anzupassen und die vertrockneten Spitzen der Grashalme zu imitieren, wird unverdünnte Farbe, ich bevorzuge auch hier Acryl-Farben, in den Tönen lichter Ocker oder Sahara oder ähnlich benötigt. Da sich bei der jetzt folgenden Prozedur immer wieder Fasern lösen und am Pinsel kleben bleiben, wird etwas Farbe auf eine Unterlage gegeben.

Mit einem harten flachen Pinsel wird nun die Farbe aufgenommen und, wie beim Granieren, zum größten Teil wieder ausgestrichen.

Die jetzt noch im Pinsel verbleibenden Farbreste reichen völlig aus, um damit die Spitzen der Wiese und des Heidebodens einzufärben.

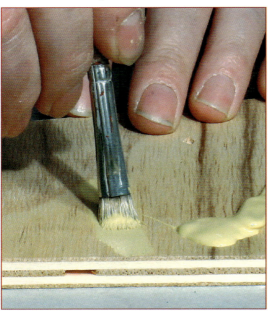

Sollte einmal ein größerer Tropfen Farbe auf die Wiese gelangen, ist dies nicht weiter schlimm: ein zweiter, trockener Flachpinsel genügt um diesen Tropfen tief ins Gewebe zu „massieren".

Nun wirkt die Wiese bereits viel „lebendiger", man kann jedoch noch einen Schritt weitergehen: Den Grashalmen fehlen noch die Rispen mit den Samen! Um dies darzustellen benötigen wir wieder den schon bekannten Mattkleber, jedoch diesmal unverdünnt. Der Flachpinsel, der uns bereits beim Einfärben der Wiese gute Dienste geleistet hat, wird mit der Spitze in den Mattkleber getaucht und vorsichtig über die Spitzen der Grashalme geführt, so dass wirklich nur an den höchsten Gräsern etwas Kleber haften bleibt.

Sehr feine Flocken, zum Beispiel Turf, fein, beige von Noch, Best.-Nr.: 95120, werden anschließend mit einem feinen Teesieb sehr sparsam über dieses Stück der Wiese verteilt. Nur die Flöckchen, die auf den Kleber treffen, bleiben beim späteren Absaugen auch haften.

Wilde Wiesen bestehen nicht nur aus verschiedenen Grassorten! Hochaufwachsende „Unkräuter", wie Brennnesseln, Sauerampfer, Disteln und Vieles mehr ergeben erst den typischen verwilderten Eindruck. „Schachtelhalm" von miniNatur, auch dieser ist wieder in allen Jahreszeiten erhältlich, hilft bei der Darstellung dieser Gewächse. Im vorliegenden Fall wurde die Ausführung „Sommer" gewählt.

Mit einer scharfen Schere wird das Gewebe in Längsrichtung in ca. 0,5 bis 1 cm schmale Streifen geschnitten.

Danach werden die Streifen auf ungefähr halbe Länge geteilt.

Hat man genügend Abschnitte fertig geschnitten, beginnt die „Pflanzung". Ein Streifen wird zwischen den Fingern in der Mitte verdreht und mit einer spitzen Pinzette gefasst.

Ein Tropfen Klebstoff wird direkt auf den Klemmpunkt aufgetragen.

Jetzt wird die Pinzette mit dem Streifen Schachtelhalm an der gewünschten Stelle in den Untergrund gestochen, dabei richten sich die beiden Enden zwangsläufig mehr oder weniger senkrecht auf und die Pinzette kann wieder herausgezogen werden. Es empfiehlt sich die Pinzette speziell an den Innenseiten häufig von Klebstoffresten zu säubern, da sonst irgendwann der Zeitpunkt kommt, an dem man die zu versenkenden Streifen immer wieder mit der Pinzette heraus zieht.

Wenn genügend Abschnitte eingeklebt worden sind, werden die Halme noch auf die gewünschte Höhe eingekürzt. Hierbei bitte nicht zu gleichmäßig arbeiten!

Jetzt werden noch die bekannten Filigranbüsche und ein paar Blumen auf der Wiese verteilt, am Rand noch einige Grasbüschel geklebt und das Ergebnis kann sich sehen lassen.

Der ausgefahrene Feldweg am Weiher

Rechts vom Weiher befindet sich ein seltener benutzter Feldweg mit einer Grasnarbe in der Mitte. Nachdem auch hier die Gartenerde zum Einsatz gekommen ist, geht es darum, die Fahrspuren der Trecker und Anhänger nach zu bilden. Nach dem die Ränder links und rechts mit Wiese und Rasen lang begrünt worden sind, wird ein schmaler Streifen Rasen lang Frühherbst in die Mitte geklebt.

An der Weggabelung und vereinzelt auch am Rande der Fahrspuren werden Grasbüschel lang und kurz gesetzt.

Bei den Büscheln an der Kreuzung ist unbedingt darauf zu achten, wie sich beim Abbiegen die Räder der Fahrzeuge in den Grünstreifen ein arbeiten. Hier ist Vorbildstudium beim nächsten Spaziergang mit der Kamera unabdingbar.

Das Feuchtbiotop zwischen Straße und Bahntrasse

Rechts vom Parkplatz der Brauerei hat die Natur ein Feuchtbiotop entstehen lassen. Da das Regenwasser in dieser kleinen Mulde nur sehr langsam versickert, haben sich zwei kleine Tümpel gebildet, die für sattes Grün bei den Pflanzen sorgen und einen idealen Standort für Schwertlilien bilden.

Wieder wird Window Color verwendet, um den Eindruck von Wasser entstehen zu lassen. Die angemischte grüne Farbe der Teichoberfläche wird mit einem Pinsel in die beiden Vertiefungen gestrichen. Kristallklar für Wellen braucht hier nicht aufgetragen zu werden. Nachdem die Farbe durchgetrocknet ist, wird das Gelände mit Rasen lang Frühherbst umrahmt.

Auf die glänzenden Oberfläche des „Wassers" wird Kiefernlaub Sommer (Grasbüschel, lang, Sommer sind genauso gut verwendbar) geklebt. Nur bei genauem Hinsehen fällt noch der „Wasserspiegel" als reflektierende Oberfläche auf.

Danach wird noch Wiese Frühherbst in die verbleibenden Zwischenräume geklebt und die Bepflanzung mit Schwertlilie kann beginnen.

Anders als beim Weiher werden die einzelnen Stauden jetzt zwischen die Grasbüschel, bzw. das Kiefernlaub geklebt. Dadurch muss auch der untere Bereich mit den feinen Härchen nicht abgeschnitten werden und die Arbeit geht sehr schnell voran..

Nachdem alle Schwertlilien gesetzt sind, erhält die große Trauerweide ihren endgültigen Standort.

Der Straßengraben

Vor dem Bahnübergang befindet sich auf der linken Seite ein typischer Straßengraben, wie er bei sehr vielen Landstraßen in fast jeder Gegend anzutreffen ist. Nachdem aus dem Hartschaum-Untergrund mit dem Cutter-Messer ein entsprechend breites und tiefes Stück ausgeschnitten und anschließend mit dunkler Farbe angestrichen worden ist, steht die Vegetation auf der Liste.

Heideboden Sommer ist mit seinem satten Grün die Grundlage der Bepflanzung im Straßengraben. Ein schmales Stück wird aus der Matte geschnitten und probeweise in den Straßengraben gedrückt.

Wenn die Abmessungen stimmen, wird der Streifen Heideboden wieder aus dem Graben gezogen. Jetzt wird, im Gegensatz zur „normalen" Vorgehensweise, der Graben mit Tesa Alleskleber eingestrichen und der Streifen in den Kleber eingedrückt. Dass bei dieser Art des Klebens an einigen Stellen später Kleber in Form von hellen Flecken zu sehen sein wird, ist nicht von Bedeutung. Rasen lang wird nun rechts und links des Grabens in der bekannten Art und Weise eingeklebt. Zur Straßenseite sollten die einzelnen Stücke wieder unregelmäßig geschnitten sein.

Nachdem die Wiese links vom Graben fertig gestellt ist, kommt die frische Farbe des Heidebodens richtig zur Geltung.

Jetzt fehlt wieder einmal der typische Bewuchs in einem feuchten Straßengraben. Schachtelhalm Sommer, dicht an dicht gesetzt, bildet die häufig in Gräben vorkommenden Brennnesseln nach. Nicht nur im Graben, sondern auch in den Randbereichen findet man diese Pflanzen, die wahrscheinlich bei Allen aus der Kindheit noch „nette" Erinnerungen hinterlassen haben.

Ein paar gelbe Blumen, ebenfalls aus dem Programm von miniNatur, kleine Zweige von Filigranbüschen und eine Pappel aus der Werkstatt meiner Frau machen die Szene am Straßenrand glaubwürdig.

Die Felswand am Weiher

Wie bereits bei der Gestaltung dieser Gesteinsart angesprochen, handelt es sich hierbei um einen stark verwitterten roten Sandstein. Nachdem schon mit dem kräftigen Auftrag von Waldbodenstreu ein erster Eindruck des Ausmaßes der Verwitterung erreicht werden konnte, ist nun die Vegetation an der Reihe. Die Basis bilden wieder einmal kleine Stücke Rasen lang Frühherbst, die auf die größeren Vorsprünge geklebt werden.

Die kleineren Vorsprünge erhalten eine Begrünung mit Grasbüscheln lang in der Farbe Frühherbst.

Laubreste aus dem Baumbau stellen die, auch in diesem Bereich wuchernden, Ranken und Kletterpflanzen dar.

Nachdem noch einige Filigranbüsche ihr neues Zuhause gefunden haben, sowohl auf den größeren Vorsprüngen, als auch speziell an der oberen Kante der Felswand, ist dieses Szenario ebenfalls fertig gestellt.

Der Trampelpfad

An der linken vorderen Kante des Anlagensegments fehlte nach näherer Betrachtung noch ein Hingucker, oder auf neudeutsch: „Eye catcher". Angenommener Weise befindet sich oberhalb der Bahnstrecke ein kleines Dorf und die Einwohner haben sich den kürzesten Weg im Laufe der Jahre in Form eines Trampelpfades selbst geschaffen. Dies glaubwürdig und realistisch ins Modell umzusetzen war selbst für mich eine Herausforderung. Einige Versuche, an kleinen Dioramen außerhalb der Anlage, waren mehr oder weniger frustrierend; bis als Neuheit 2005 die Viehweide von miniNatur in den Handel kam. Das man dieses Produkt nicht nur für den eigentlichen Bestimmungszweck einsetzen kann, wurde mir schnell bewusst. Eine ganz neue Technik ist entstanden, die selbst den Erfinder und Eigentümer der Firma Silhouette (Markenname miniNatur), Herrn Rademacher, überrascht hat. Doch genug der Vorrede, beginnen wir gemeinsam mit der Realisierung.

Als Erstes wird mit dem Cutter-Messer grob der ungefähre Verlauf des Pfades aus dem Rohbau geschnitten. Eine kleine Raspel sorgt danach für die Feinheiten.

Jetzt wird der Bereich, in dem die Viehweidenstücke liegen sollen, mit Tesa Alleskleber eingestrichen, wobei auf dem eigentlichen Pfad der Kleberauftrag sehr dick erfolgt.

Aus der bereits angesprochenen Viehweide, in der Version Frühherbst, werden passende Stücke ausgeschnitten und zur Probe auf das Gelände gelegt.

In den frischen Kleber werden die einzelnen Stücke regelrecht eingedrückt, so dass der Kleber, im Bereich des Pfades, durch die Matte dringt. Gartenerde wird sofort in den durchgedrungenen Klebstoff eingestreut und mit einem sehr harten Pinsel regelrecht in die mit kurzen Fasern versehenen Abschnitte der Weide eingearbeitet.

Je nach Bedarf wird Erde nachgestreut, von den Kurzen Grasfasern darf im Bereich des Gehwegs nichts mehr zu sehen sein. Wenn Alles zur Zufriedenheit ausschaut, erst einmal trocknen lassen.

Nach einem guten Tag Trocknungszeit habe ich festgestellt, dass nicht alle Grasfasern restlos verschwunden waren, sondern sich teilweise wieder aufgerichtet haben. Also war eine Nacharbeit erforderlich. Die Blumenspritze mit dem entspannten Wasser kam wieder zum Einsatz und der gesamte Bereich wurde gut durchnässt.

...und eine erneute Schicht Gartenerde wurde eingestreut. Nachdem diese aufgetragen war, musste wieder einmal die ganze Angelegenheit tagelang durchtrocknen. Jetzt sah alles zu meiner Zufriedenheit aus, jedoch war in den Grasbüscheln, die aus dem Trampelpfad hervor lugten, jede Menge Erde verblieben. Eine weiche Bürste half, diesen unnatürlich wirkenden Belag verschwinden zu lassen. Mit dem Staubsauger wurden die Reste entfernt und die losen Seiten der Matte noch mit Kleber befestigt. Am Rand des Trampelpfads wird nun mit dem bekannten Rasen lang der Übergang zur anschließenden Vegetation geschaffen.

Mattkleber, im Verhältnis 1.1 mit Wasser verdünnt, wurde über den Weg geträufelt...

Der restliche Bereich bis zur Bahntrasse wird mit der Wiese Frühherbst aufgefüllt.

Da der Hang zur Bahnlinie jetzt noch zu eintönig wirkt, kommt wieder der Schachtelhalm, diesmal in der Version Frühherbst, zum Einsatz. Der Hang beginnt zu Leben!

Auf diesem Geländestück kommt noch aus dem Programm von Anita Decor die Mini Foliage zur Geltung. Bei diesem Produkt handelt es sich um ein konserviertes Naturprodukt, das in einer sehr großen Anzahl als Verpackungseinheit in Form von kleinen Ästen geliefert wird.

Wenn man nur die Spitzen mit den Blättern verwendet, lassen sich damit kleine, sattgrüne Staudenpflanzen nachbilden. Hier, an diesem Hang mit Nordseite und viel Feuchtigkeit, machen diese kleine Stauden mit ihrem dunklen Grün absolut Sinn. Wieder einmal musste meine Frau mir die, für diese Szene unbedingt notwendigen, Birken bauen, die der Wirkung dieses Bereichs den letzten Schliff geben.

Der Boden des Nadelwalds

Der Boden eines Nadelwalds unterscheidet sich sehr stark von einem Laubwaldboden. Während man in Laubwäldern, je nach Dichte des Baumbestands, häufig Unterholz und bodendeckende Pflanzen findet, ist der Untergrund bei Fichten fast kahl. Dafür ist der Boden aber durch die herabfallenden Nadeln sehr luftig und locker. Einzelne kleine Ästchen und Zapfen tragen ihres dazu bei, dass man bei Spaziergängen in Nadelwäldern das Gefühl hat, auf Luftpolstern zu gehen. Während man bei der Nachbildung von Waldböden mit Laubbaumbestand auf diverse Produkte aus dem Zubehörmarkt (unter Anderem der hervorragende Waldboden von Anita Decor) zurück greifen kann, sieht dies bei Nadelwaldboden anders aus. Aber auch hier gibt es eine glaubwürdige Lösung.

Das Gelände für den Fichtenwald an der rechten Seite des Anlagenteils ist sehr hügelig gestaltet, schließlich soll hier der Zug bei Ausstellungsbetrieb seinen Wendepunkt haben und den Betrachtern nicht unbedingt auffallen. Hier bietet es sich an, einen Fichtenbestand anzupflanzen. Doch dafür muss zunächst der Boden richtig vorbereitet werden.

Von miniNatur ist der Heideboden auch in einer Spätherbstversion erhältlich, die braun/rot eingefärbt ist. Durch die spezielle Fertigungsart ist die Matte sehr dicht und trotzdem locker, dadurch bildet sie den idealen Untergrund.

Diesmal wird das Gewebe in sehr große passende Stücke geschnitten und auch so aufgebracht. Der Kleber, ich benutze hier Tesa Alleskleber, wir flächig auf den Rohbau aufgetragen und das zugeschnittene Stück Heideboden wird aufgelegt.

Das Andrücken geschieht vorsichtig mit der Pinzette, die direkt auch für das Eindrücken der (Wald-)Ränder in den Hartschaum benutzt wird. Ich empfehle, nach ca. 10 Minuten mit Hilfe einer festen Bürste die Matte nochmals anzudrücken, und dabei gleichzeitig die Beflockung etwas in Form zu bringen. Da das Gewebe sehr stabil und fest ist, kann man es sehr gut dem Geländeverlauf anpassen.

An den (Wald-) Rändern greifen wir wieder auf den Rasen lang Frühherbst zurück und kleben diesen rund um die Heidebodenmatte. Bitte hier wieder daran denken, dass der Kleber auf die Rückseite der Matte aufgebracht werden sollte. Sobald der Rasen fest genug haftet, zupfe ich mit einer spitzen Pinzette an den Rändern kleine Büschel Fasern aus dem Gewebe, so entsteht der gewünschte ausgefranste Eindruck.

Sollte ich dabei einmal zu viel Fasern erwischen, so dass das Untergewebe durchscheint, ist die auch kein Problem, schließlich gibt es ja die Grasbüschel, die dieses Unglück einfach verbergen können. Man kann jetzt bereits kleine Ästchen und Meerschaumbüschel auf den Boden kleben und mit der Bepflanzung beginnen. Ich persönlich gehe aber mit der Gestaltung des Boden noch einen Schritt weiter.

Die Ecke hinter dem später einzusetzenden Bauernhof soll als Beispiel dienen:

Mit Mattkleber, unverdünnt, wird dieser Bereich ziemlich unregelmäßig dick eingestrichen.

Eine Mischung aus Waldbodenstreu von Anita Decor und den Noch Streu Sorten „Blendet Turf" (Best.-Nr.: 95 015) und „Fein Braun" (Best.-Nr.: 95 115) werden etwas miteinander vermischt.

Diese Mischung wird nun auf den Boden gestreut. Da die Vermischung nicht durchgängig ist, entsteht ein sehr unregelmäßiges Bild.

Nach einer Wartezeit von ca. 15 Minuten hat der Kleber noch lange nicht abgebunden, jedoch haftet die Streumischung schon einigermaßen. Ein nicht zu harter Flachpinsel hilft jetzt, das Streu etwas in den Boden ein zu arbeiten. Dabei streiche ich hauptsächlich mit dem schräg gehaltenen Pinsel flach von unten nach oben.

Dies richtet einen großen Teil der Fasern der Matte wieder auf und die typische Lockerheit des Nadelwaldbodens wird plastisch sichtbar.

Auch der als Begrenzung des Walbodens dienende Rasen erhält in unmittelbarer Nähe zum Heideboden einen Auftrag aus dem angemischten Streu und damit erscheint der Übergang zwischen den zwei unterschiedlichen Matten nicht so hart. Nun steht der weiteren Bepflanzung nichts mehr im Wege.

Am Waldrand werden Filgiranbüsche, teilweise in der Farbe Frühherbst, und Schachtelhalme Spätherbst gesetzt. Innerhalb der Hochstammfichten kommen ebenfalls Schachtelhalm Spätherbst, sowie kleine Büschelchen Meerschaum als spärlicher Bewuchs zum Einsatz.

Fehler im Schotterbett

Immer wieder passiert es beim Einschottern der Gleise, dass an kleinen Stellen der Leim nicht richtig zwischen den Schotter gedrungen ist. Nach dem Absaugen der losen Steinchen sind plötzlich relativ große Löcher zu sehen.

Man kann (oder muss?) diesen Bereich nachschottern, was nicht nur zeitaufwändig, sondern an schlecht zugänglichen Stellen auch mitunter sehr mühselig ist. Welches Glück, dass ich mich hauptsächlich mit dem Thema Nebenbahn beschäftige! Die nicht sehr dicke Finanzdecke der Nebenbahnbetreiber, beziehungsweise die Prioritäten der Magistralen im Bereich der Bundesbahn, zeigten sich häufig auch am Zustand der Schotterbettung. Solange Alles noch keinen direkten Einfluss auf die Sicherheit hatte, „ließ man schon mal fünf gerade sein" und verzichtete auf die regelmäßige Reinigung des Schotters von Unkraut.

Dies fordert einen Nebenbahn-Modellbauer wie mich ja geradezu auf, Grasbüschel und Anderes in das Schotterbett einzubringen. Wie gut das beim Schottern die Löcher entstanden sind! Diese kleinen Höhlen sind wunderbar mit den diversen Grasbüscheln von miniNatur zu füllen.

Das ursprünglich durchlöcherte und steril wirkende Schotterbett fängt plötzlich an zu „leben"

An der Strecke

Kleine Details, die selten bewusst wahrgenommen werden, machen erst den Gesamteindruck aus. Häufig sieht man sehr gute Modellbahnanlagen, aber es kommt einem vor, als ob Irgendetwas fehlen würde. Kleine Ausschmückungen, ein paar „zufällig" gesetzt Büschchen, herumliegender Abfall vom letzten Sonntagsausflug, eine fortgeweht Bildzeitung und vieles Andere vermittelt einem das Gefühl, auf eine wirklich lebendige Miniwelt zu schauen. Achten Sie einmal bei Ihrem nächsten Ausflug in der realen Welt auf solche Kleinigkeiten und Sie werden selbst das Gespür dafür entwickeln, wie Sie Ihre Anlage zum „Leben erwecken" können.

Ein kleines Beispiel an dieser Stelle:

> „Am Bahndamm steht ein Sauerampfer,
> sieht kein Auto,
> sieht kein Dampfer,
> armer Sauerampfer"   (Heinz Erhardt)

Ein Hang wird Grün

Nachdem Sie in den bisherigen Kapiteln die Materialien und die Techniken der Verarbeitung kennen gelernt haben, werden wir jetzt gemeinsam den Hang, links hinter der Landstraße gestalten.

Es handelt sich hierbei um einen felsigen Abhang mit einem lichten Kiefernbestand, an dem sich ein Wanderweg nach oben schlängelt. Teilweise ist die Wiese an dem relativ steilen Hang abgerutscht und auch farblich bestimmen hier gedeckte Töne das Gesamtbild.

Die Granitfelsen sind bereits fertig gestellt und der Weg ist mit der Gartenerde bestreut. Die Darstellung der Wiesen erfolgt mit „Wiese Spätherbst", die diesmal anders als in den vorigen Kapiteln gezeigt, verarbeitet wird.

Die Wiesenmatte wird von der Rückseite entsprechend dem Gewebeverlauf aufgeschnitten, so dass eine "Ziehharmonika" entsteht.

Danach werden die so vorbereiteten Stücke probeweise auf den Untergrund aufgelegt und von den Konturen her passend geschnitten.

Der zu Begrünende Teil des Hangs wird satt mit einem Kleber für schwere Textiltapeten (zum Beispiel Faust-Gewebekleber aus dem Baumarkt) bestrichen. Es hat sich bewährt, diesen Kleber mit Wasser im Verhältnis 1:1 zu verdünnen.

Jetzt erfolgt ein dünner Auftrag mit der bekannten Gartenerde, man kann hier ruhig die gröber ausgesiebte Version wählen.

In diese Masse wird nun das vorbereitete Stück Wiese eingedrückt. Dazu packt man von oben mit der spitzen Pinzette das Trägergewebe und sticht es durch die Erde und den Kleber in den Hartschaumuntergrund ein.

Sollte das Gewebe nicht an allen Stellen im Styrodur stecken bleiben, ist dies nicht weiter von Bedeutung, da später Alles noch mit einer weiteren Schicht Gartenerde abgedeckt wird. Lediglich an den Rändern zum Weg sollte die Matte etwas versenkt sein.

Nach ca. 3 Tagen ist der Kleber mit der Erde durchgetrocknet und, wie beim Trampelpfad, kann der zweiten Auftrag erfolgen. Wieder wird verdünnter Mattkleber auf das vorher angefeuchtete Gelände geträufelt und nochmals Gartenerde aufgestreut. Unter Umständen muss man diese Prozedur mehrmals wiederholen, bis das Grundgewebe der Wiese fast nicht mehr zu sehen ist.

Im Kapitel Steine und Felsen haben wir kleine Felsstückchen eingefärbt und zur Seite gelegt. Diese werden jetzt benötigt. Mit Tesa Alleskleber werden passende Stückchen in die Zwischenräume der Grasmatte eingesetzt. Nachdem die Minifelsen fest mit dem Untergrund verbunden sind, werden die Spitzen mit dem gebrochenen Weiß graniert.

Wie auch bei den großen Felsen wird jetzt mit Mattkleber und Waldboden die Verwitterung und der Flechtenbewuchs dargestellt.

Als Nächstes ist der Rand des Wanderweges an der Reihe. Eine scharfe Trennlinie zwischen Schotterweg und Wiese wäre an dieser Stelle unglaubwürdig. Es müssen die kleinen Pflanzen, die sich an den Rändern der Wege bilden, nachgeahmt werden.

Mit einem kleinen Pinsel wird der verdünnte Mattkleber auf den Weg, direkt am Vegetationsrand, unregelmäßig aufgestrichen.

Feine, gesiebte Gartenerde wird in den feuchten Kleber sehr sparsam eingestreut. Danach kommt der Waldboden an die Reihe und zum Schluß werden noch Bodenflocken, in diesem Fall Noch Turf fein, Herbst (Best.-Nr.: 95 135) aufgestreut. Ein weicher Pinsel hilft, den Streu vom Weg an den Rand zu fegen.

Nach dem Trocknen wird mit einem Staubsauger vorsichtig das lose Streumaterial abgesaugt. Durch den unregelmäßigen Auftrag von Leim und den einzelnen Streuarten ergibt sich jetzt das gewünschte „zufällige" Abbild der Natur.

Noch einige Grasbüschel in der Farbe Spätherbst von miniNatur und der Weg ist fertig.

Da der Weg direkt oberhalb der Felswand führt, haben vorsichtige Zeitgenossen natürlich auch für ein Geländer gesorgt. Faller führt hierfür genau das Passende im Programm: Eisenzaun mit Betonpfosten, Best.-Nr.: 518. Die Oberfläche dieser Betonpfosten sieht leider sehr plastikhaft aus und muss etwas nachbehandelt werden. Aber auch dafür hat Faller das Richtige im Programm: Gesteinsfarbe Granit, Best.-Nr.: 796.

Mit dieser Farbe werden die Pfosten satt angestrichen und danach die oberen Löcher auf 1,5 mm aufgebohrt.

Anschließend werden die einzelnen Pfosten im Abstand von ca. 3 cm an die Talseite des Weges geklebt. Denken Sie bitte daran, dass die Pfosten senkrecht stehen sollten. Es hat sich bewährt, ein 1 mm Loch in den Untergrund zu drücken und mit Tesa Alleskleber die Pfosten zu fixieren.

Jetzt könnte man den beigefügten sehr starren Draht durch die Löcher der Pfosten ziehen, jedoch gestaltet sich diese Arbeit bei einem gewundenen, in einer Steigung liegenden Weg als nahezu unmöglich. Aus diesem Grund habe ich die Löcher auf 1,5 mm aufgebohrt und verwende nun einen weichen Silberdraht in der Stärke 1 mm.

Am letzten Pfosten jeder Reihe lässt man den Draht ca. 6 mm überstehen und biegt ihn mit einer kleinen Zange ringförmig nach unten. Sekundenkleber flüssig wird mit Hilfe eines Zahnstochers auf den Draht, direkt oberhalb der Löcher der Pfosten, geträufelt. Durch das Gefälle und die Kapillarwirkung zieht der Kleber schnell in die Zwischenräume und gibt dem gesamten Zaun eine sehr hohe Festigkeit. Jetzt wir mit dem gleichen Braun, das schon zur Alterung der Schienen verwendet wurde, der Draht angestrichen. Dabei sollten auch ein paar Farbpigmente von den Durchführungen des Eisengeländers im Pfosten nach unten als Rostspuren berücksichtigt werden, um ein stimmiges Bild zu erhalten.

Jetzt kann hoffentlich kein Preiserlein mehr abstürzen und wir können uns der restlichen Flora in diesem Bereich widmen.

Im Bereich der Spitzkehre des Wanderweges hat sich Ginster breit gemacht. Spruce Fine von Anita Decor ist schon am Weiher als niedriges Schilf zum Einsatz gekommen; hier eignet es sich hervorragend zur Darstellung von Ginster. Nachdem die kleinen Büschelchen gesetzt sind könnte man noch die gelben Blüten mit Hilfe von Mattkleber und entsprechenden Flöckchen an die einzelnen Ästchen kleben. Da in meinem Fall der Weg im Hintergrund verläuft, habe ich mir diese Geduldsarbeit erspart.

Weitere Pflanzen werden mit Schachtelhalm Frühherbst imitiert und sorgen in Verbindung mit einigen kleinen Zweigen von Filigranbüschen Sommer für eine Belebung des Wegrandes.

Laubreste vom Baumbau schaffen die Illusion von überall wucherndem Efeu und anderen Bodendeckern. In Verbindung mit den Filigranbüschen ist der Eindruck der „unberührten" Natur komplett.

Nachdem noch einige Kiefern und Birken „zufällig" auf den Hang gepflanzt wurden, ist dieses Kapitel abgeschlossen.

Felder und Weiden

Landwirtschaftlich genutzte Flächen bestimmten um 1960 noch einen großen Teil der Landschaft. Auch sie sind ein Teil der Natur. Im Folgenden zeige ich Ihnen, wie ein Kleefeld, ein Kartoffelacker, ein Weizenfeld und eine Viehweide entsteht. Da unser Modellbauer auch Viehwirtschaft betreibt, darf natürlich die entsprechende Weide nicht fehlen.

Beginnen wir mit dem Einfachsten:

Das Kleefeld

Klee war neben dem Heu und, im Frühsommer, den Raps, früher mit das wichtigste Viehfutter. Zwar sorgte dieses Futter für heftige Blähungen bei den Tieren, der Tierarzt war fast Dauergast auf den Bauernhöfen, jedoch war der Anbau von Mais in den 60er Jahren noch weitgehend unbekannt.

Am Rand des Feldes wird wieder Rasen lang Frühherbst geklebt.

Wiese Sommer von miniNatur (im abgebildeten Fall „mit Unkraut") wird anschließend mit Tesa Alleskleber in großen Flächen auf den Untergrund fixiert und dient als Basis für die weitere Ausgestaltung.

Der bereits bekannte Mattkleber, im Verhältnis 1:1 mit Wasser und einem Tropfen Netzmittel verdünnt, wird flächig mit einem weichen Pinsel auf die Wiese aufgetragen.

Mit einem großen Sieb wird Turf von Noch, Best.-Nr.: 95 150, gleichmäßig über das Feld verteilt. Nach ca. 2 Tagen ist der Kleber fest und überschüssiges Streu kann abgesaugt werden.

Es folgt noch die Randbegrünung mit Schachtelhalm, Laub und Filigranbüschen.

Der Kartoffelacker

In der Nähe des Bauernhofs wurden die Frühkartoffeln angepflanzt, die im August bereits ein verwelktes Kraut zeigen. Die Ernte steht kurz bevor.

Nachdem ich im Dezember 2003 einen Fachartikel über die Gestaltung von Feldern im Eisenbahn Journal veröffentlicht hatte, wurde ich von einigen, der Landwirtschaft kundigen, Lesern darauf hingewiesen, dass jedes bearbeitete Feld über ein so genanntes Vorgewende verfügt. Der Sinn ist schnell erklärt: Da der Bauer mit seinem Traktor oder dem Pferdegespann nicht bis zum Feldrand pflügen, eggen oder sähen kann, müssen die letzten Meter vor dem Graben oder der Böschung zum Wenden genutzt werden. Damit verbleibt ein ca. 5 bis 10 m breiter Streifen, der zum Schluss quer zur normalen Richtung bestellt wird. Besonders bei einem Kartoffelfeld fällt dies durch die Furchen sehr stark auf.

Damit mir der gleiche Fehler nicht noch einmal passiert, habe ich zunächst mit einem Lineal und Bleistift die Reihen auf den Boden gezeichnet.

Die bei einem Kartoffelacker typischen ca. 25 cm tiefen Furchen sind in der Modelldarstellung nicht unbedingt erforderlich, da das als Kraut verwendete Herbstlaub durch sein Gewebe ohnehin relativ hoch ist und das Laub die Furchen überdeckt.

Aus der Laubmatte werden 7 bis 10 mm schmale Streifen, möglichst in Geweberichtung, geschnitten. Hier sollte man bitte nicht gerade schneiden, da in der Natur die Kartoffelstauden schließlich nicht alle gleich wachsen. Man beginnt am Besten an der entferntesten Stelle mit dem Aufkleben der kurzen Abschnitte. In diesem Fall ist es das vorher angesprochene Vorgewende. Danach wird Reihe für Reihe „gepflanzt". Achten Sie bitte darauf, dass ein gerade Furche der Stolz jedes Bauern war und ist. Deshalb ist es auch unbedingt notwendig, sich an die vorher aufgezeichneten Linien zu halten.

Nachdem alle Reihen fertig geklebt sind, wird auch dieses Feld mit Streifen von Rasen lang umrandet.

Der Graben auf der rechten Seite erhält noch eine Bepflanzung mit Schachtelhalmen und Mini Foliage. Je nach Geschmack und der Faulheit des Modellbauern kann man mit Mattkleber und kleinen Flocken noch Unkraut zwischen den Kartoffelreihen andeuten. Im vorliegenden Fall bin ich von einem fleissigen Landwirt ausgegangen, der seine Felder immer gut in Schuss hält.

Das Weizenfeld

Eine Herausforderung für jeden ambitionierten Modell-Landschaftsbauer ist ein Kornfeld, möglichst verbunden mit einem Ernte-Szenario. Auch dieses ist wieder einmal relativ leicht zu erstellen, wenn man die richtigen Materialien zur Hand hat.

In Modellbahnerkreisen werden teilweise heftige Diskussionen geführt, welches Material sich am Besten eignet, um ein reifes Kornfeld darzustellen. Nachdem ich mich lange auf dem Zubehörmarkt umgeschaut hatte, stieß ich durch Zufall auf Wiese Spätherbst von miniNatur im Maßstab 1:43!

Diese Gewebematte wird mit einer scharfen Schere passend zugeschnitten. Da mein Kornfeld genau auf der Trennungsfuge zweier Segmente liegt, ist diese dicke Matte gleichzeitig eine gute Tarnung für den Spalt. In diesem Fall wird der Kleber wieder direkt auf den eingefärbten Untergrund aufgetragen und die „Wiese" in den Kleber eingedrückt.

Da das Material über ein sehr starkes und starres Gewebe als Trägermaterial verfügt, empfiehlt es sich, mit Hilfe von passenden Sperrholzplatten oder Ähnlichem die ganze Angelegenheit nach dem Kleben abzudecken und über Nacht mit Gewichten zu beschweren.

Wenn, wie in meinem Fall, noch eine Ernte in vollem Gang dargestellt werden soll, wird die Sache etwas komplizierter. Wie wird der bereits abgemähte Teil des Feldes mit seinem Stoppelacker realisiert? Wie bereits erwähnt, das Gewebe ist sehr dick und die verwendeten Fasern sehr stabil. Mein Bartschneider hatte bereits nach wenigen Zentimetern für immer seinen Geist ausgehaucht. Mit einer Schere die Halme einzukürzen habe ich ebenfalls bereits nach den ersten paar Versuchen aufgegeben, da mir einfach keine gleichmäßige Länge gelingen wollte.

Die Lösung ist, wie immer wenn man sie denn endlich hat, sehr einfach: Nur die überstehenden obersten Spitzen der Wiese werden gleichmäßig abgeschnitten und das gesamte Gewebe mit den Fasern tiefer gesetzt als der Rest!

Nachdem die Lösung des Problems gefunden war, habe ich ein Stück passend zurecht geschnitten. Die Konturen vom abgemähten Teil werden auf den Untergrund übertragen und mit dem senkrecht geführten Cuttermesser ca. 1 cm tief nachgezogen. Anschließend wird das Messer in einem möglichst flachen Winkel von innen schräg zur Markierung gezogen.

Nach und nach wird jetzt der gesamte Bereich durch schräge Schnitte weiter ausgehöhlt und mit der Raspel nachgearbeitet. Als ideale Tiefe hat sich 8 mm ergeben, da die eingelegte Matte dann noch genau das Gewebe zum noch stehenden Weizenfeld überdeckt.

Wenn alles passt, werden der Boden und speziell die Kanten mit erdbrauner Farbe gestrichen.

Jetzt kann das „abgemähte" Stück Feld in die Vertiefung geklebt werden. Auch hier sollte man über Nacht die Matte mit Brettchen und Gewichten beschweren. Nach dem Abbinden des Klebers zeigt sich am nächsten Morgen das Ergebnis.

Leider ist kein Ackerboden zu sehen, was das Ganze wieder etwas unnatürlich wirken lässt.

Auch hierfür gibt es eine einfache Lösung: Durch die Fasern und das Gewebe wird sehr feiner Sand gerieselt, bis die Vertiefung fast ausgefüllt ist. Eine letzt Schicht aus Gartenerde ergibt den fruchtbaren Boden. Die Fixierung von Sand und Erde ist eine äußerst feuchte Angelegenheit und sollte wegen der Verzugsgefahr von Holz auch nur auf Hartschaumuntergründen getan werden. Die gesamte Vertiefung wird mit Wasser und verdünntem Holzleim regelrecht eingeschwemmt. Jetzt sieht man auch, wo noch Sand oder Erde fehlt und kann gegebenenfalls noch nachstreuen. Nach ca. 2 bis 3 Tagen ist die dicke Erdschicht soweit durchgetrocknet, dass man mit einer alten Treckerachse die Fahrspuren des Mähdreschers nachbilden kann. Weitere 2 bis 3 Tage später ist der Trocknungsprozess endlich abgeschlossen und mit einem flachen Pinsel kann man die an den Fasern klebenden Schmutzpartikel vom Streu abbürsten.

Nun kann der Rand des Feldes wieder mit Rasen lang und Wiese im Hintergrund beklebt werden. Wenn Sie die Fahrspuren des Mähdreschers in der Randbegrünung darstellen wollen, wenden Sie den gleichen Trick an, wie beim Trampelpfad. Das heißt, sie legen den Rasen in ein sattes Bett aus Alleskleber und benutzen die Treckerachse, um das Gewebe fest in das Leimbett zu drücken. Dabei drückt sich natürlich der Kleber durchs Gewebe und bildet so die Haftung für die auf zu streuende Erde.

Da man diesen Vorgang, Streuen und Einwalzen, mehrmals wiederholen muss, sollten Sie unbedingt einen wasserlöslichen Kleber benutzen. Nach jedem Walzen müssen die Reifen der Treckerachse vom Kleber gereinigt werden! Wenn Sie diese Technik beherrschen, können sie genau so einen wenig befahrenen Feldweg erschaffen, ähnlich dem links neben dem Kornfeld verlaufenden Weg.

Nun verwenden wir noch einige Schachtelhalme Sommer, die sparsam in den nicht abgeernteten Bereich des Weizenfeldes gesteckt werden, um die in jedem Kornfeld wachsenden Disteln nach zu ahmen. Streuen Sie bitte keine rote Flöckchen auf das Feld um Mohnblumen zu imitieren. Erstens werden diese oben auf den Halmen liegen bleiben und so nicht natürlich aussehen und zweitens kann man bei einem erntereifen Feld, dessen Ähren mehr oder weniger nach unten hängen, bestimmt keine Mohnblumen von oben sehen. Denken Sie daran, um 1960 wuchs der Weizen noch viel höher als heute!

Die Viehweide

Ein kleiner Bestand von Milchkühen gehört zu unserem Modell-Bauernhof. Da diese regelmäßig gemolken werden müssen, hat unser Landwirt sein Vieh für die Dauer der Haupterntezeit auf die Weide direkt neben dem Hof getrieben. So erspart er sich und den Helfern einiges an Zeit.

Diese Weide ist allerdings schon ziemlich abgefressen; nur einzelne Büschel von einer nicht schmackhaften, scharfen Grassorte wurden vom Rindvieh verschmäht. Also eine typische Weide!

Bis vor einiger Zeit hat man mit allen möglichen Mitteln versucht, dieses Thema einigermaßen glaubwürdig ins Modell um zu setzen. Ich erinnere mich an meine eigenen Versuche, unter anderem bei dem von mir für das Eisenbahn Journal gebauten Diorama „Schwarzwald" (Ausgabe 5/2005). Seit Februar 2005 ist von miniNatur eine sehr gut gelungene Gewebematte Viehweide erhältlich. Diese gibt es, wie gewohnt, in den Jahreszeiten Frühling, Sommer, Frühherbst und Spätherbst. Für unsere Zwecke, das Szenario spielt im August, wurde die Version Frühherbst verwendet.

Beginnen wir mit der Umsetzung:

Die Matte wird passend zum Areal geschnitten und der gesamte Untergrund wird wieder mit Tesa Alleskleber eingestrichen. Natürlich in den Bereichen, wo später die Fahrspuren des Treckers und die Hauptaufenthaltsorte der Kühe sein werden, etwas mehr Kleber.

Sofort wird die Matte in das Leimbett eingelegt und erst einmal ganz vorsichtig angedrückt, damit nicht an unerwünschten Stellen der Kleber durchs Gewebe kommt.

Ähnlich wie bei den Fahrspuren des Feldweges neben dem Kornfeld wird jetzt mit der Treckerachse das Gewebe in den Kleber eingedrückt. Da hier aber fast keine einzelnen Fahrspuren sichtbar werden sollen, wird die Achse, immer in einer Hauptrichtung, sehr oft hin und her gerollt. Mit einem Sieb wird die Gartenerde gestreut und direkt wieder eingearbeitet.

Nach einigen Durchgängen ist die Einfahrt zur Weide fast fertig.

Hinten Rechts soll später einmal die Tränke ihren Platz finden und so ist anzunehmen, dass die Kühe diesen Bereich platt getrampelt haben und hier, wenn überhaupt, nur sehr wenig Gras wächst. Willkürlich werden noch einige weitere Stellen in den Leim gedrückt und mit Gartenerde aufgefüllt.

Nach dem Trocknen wird das überschüssige Material abgesaugt und jetzt zeigt sich, ob richtig gearbeitet worden ist.

In der bekannten Art werden die höheren Grasbüschel und vorsichtig die gesamte Weide mit etwas lichtem Ocker graniert. Bei der Gestaltung der Umgebung der Weide ist daran zu denken, dass das Vieh seinen Kopf durch den Zaun gesteckt und Alles in seiner Reichweite auch abgefressen hat. Keine Weide ohne Zaun! Noch führt in seinem Programm einige wirklich gut gelungene verschiedenartige Zäune, die gerade in ländlicher Umgebung eingesetzt werden können. Für unseren Zweck ist der so genannte Rundholzzaun, Best.-Nr.: 1 3010, die erste Wahl. Dieser rustikale Zaun entspricht der Umzäunung einer Viehweide am ehesten, wenn man einmal von einem Elektrozaun absieht. Begonnen wird mit dem Gatter an der Einfahrt zur Weide, die ja bereits mit der Gartenerde vorgegeben wurde.

Nachdem das komplette Areal umzäunt wurde ergibt sich bereits ein erstes Bild der Viehweide.

Aber auch Kühe haben eine Verdauung! Wer kennt sie nicht, die Kuhfladen, in die wohl jeder, der einmal über eine Weide gelaufen ist, hinein getreten hat. Diese Hinterlassenschaften des Rindviehs müssen einfach auf einer Weide dargestellt werden. Aus kurzen Grasfasern und etwas grüner und brauner Farbe wird ein Brei angerührt.

Etwas Holzleim wird mit untergemischt und fertig ist die zum Glück nicht stinkende Hinterlassenschaft, die jetzt mit einem Zahnstocher verteilt wird.

Zum Schluss wird noch mit einem Pinsel ein Tropfen entspanntes Wasser auf die Häufchen gegeben und die ganze „Angelegenheit" sinkt wie von selbst etwas in die Wiese ein.

Nachdem noch eine alte Badewanne aus der Restekiste zur Tränke umfunktioniert wurde, fehlen nur noch die Kühe.

Gebäude und ihre Umgebung

Gehören in ein Buch über Landschaftsbau Gebäude? Ich finde ja, denn selbst einige vertrocknete Grasbüschel an einer Verladerampe oder ein mit Blumen geschmückter Vorgarten sind letztendlich Teile der Natur. Deshalb befasst sich dieses Kapitel nicht mit dem Bau und der farblichen Gestaltung von Gebäuden, sondern mit deren Integration in die „natürliche" Umgebung.

Der Brauereiausschank mit Biergarten

Mit einer Stellprobe wird die richtige Position festgelegt und die Konturen des Gebäudes mit einem Filzschreiber auf dem Untergrund aufgezeichnet. Gleichzeitig wird der Zugang mit den Abgüssen aus der Spörle-Form Gehweg, Best.-Nr.: 1060, festgelegt.

Da keiner der zu erwartenden Gäste des Biergarten bei schlechtem Wetter schmutzige Schuhe bekommen soll, habe ich mich für den plattierten Gehweg entschieden. Diese Abgüsse werden entsprechend ihrer Dicke in den Hartschaum eingelassen und mit Alleskleber oder Holzleim fixiert.

Die Farbgebung des Gehwegs wird entsprechend den Arbeitsschritten bei Straßen und Mauern durchgeführt. Danach wird der Hof des Biergartens mit feinem Schotter bestreut. Holzleim, ca. 1:2 mit Wasser verdünnt und mit einem Netzmittel versehen, sorgt für den notwendigen Halt.

Rasen kurz, Frühherbst, bildet den Untergrund für den Vorgarten und den Kinderspielplatz im Vordergrund des Biergartens. Rechts vom Biergarten kommt wieder Rasen lang, Frühherbst zum Einsatz.

Um eine freundlich Atmosphäre zu schaffen, werden Blumen von miniNatur eingesetzt.

Diese Blumen werden wie die Schachtelhalme verarbeitet, das heißt, man schneidet einen sehr schmalen Streifen von dem Gewebe ab und packt es in der Mitte, versieht es mit einem Tropfen Kleber und sticht es mit einer spitzen Pinzette in den Boden. Der fertige Blumengarten wird mit ein paar kleinen Stücken von Filigranbüschen etwas aufgelockert. Da die meisten Leser dieses Buches dem männlichen Geschlecht zugehörig sind, ein kleiner Tipp: Fragern Sie Ihre Frau oder Lebensgefährtin um Rat, wenn Sie Blumen „pflanzen". Frauen haben ein Auge für die Schönheit der bunten Blumen. (Übrigens, auch ich habe für die erste Ausführung dieses Blumengartens von meiner einen niederschmetternden Kommentar erhalten und durfte somit wieder Alles ausreißen und unter Aufsicht neu beginnen!) Das Ergebnis:

Damit die Kinder vom Spielplatz nicht auf die Straße laufen können, was damals sicher ungefährlicher war als heute und damit gewisse Gäste nicht ohne Bezahlung verschwinden können, erhält der Bereich noch einen Zaun. Auch für diesen Zweck findet sich im Programm von Noch unter der Bezeichnung Scherenzaun, Best.-Nr.: 1 3090, ein ansprechendes Exemplar.

Damit die Eltern in Ruhe ihr Bier trinken können, hat der schlaue Pächter des Brauereiausschanks ein Klettergerüst in Form einer alten Lokomotive aufgestellt. So können sich die Kinder lange beschäftigen und der Bierabsatz bei den Eltern, die nun keine quengelnden Kinder um sich haben, verdoppelt sich. Das Klettergerüst wurde aus einer alten Holzlokomotive, die mit unverdünnter Betonfarbe angestrichen wurde und ein paar Leitern aus der Bastelkiste gebaut. Eine dünne Styrodurplatte als Sockel darunter geklebt, vervollständigt den kleinen Blickfang.

Figuren und Tische von Preiser (es gibt geeignete Sortimente für Biergärten in einigen Versionen) werden in den Biergarten geklebt und sorgen für das gemütliche (?) Leben. Eine Eiche aus der Werkstatt meiner Frau beschattet an Hochsommertagen die Gäste und sorgt für angenehme Kühle.

Die Wurzeln der alten Eiche wurden mit einigen kleinen Grasbüscheln eingerahmt. Am Zaun wachsen einige kleine und kleinste Filigranbüsche in den Farben Sommer und Frühherbst.

Nachdem noch links vom Haus eine Birke eingesetzt wurde und im Hintergrund nicht ganz so gelungene Bäume ihren Platz gefunden haben, ist diese kleine Szene fertig.
Wenn Sie das im Anlagenplan vorgesehene Fachwerkhaus vermissen - nach der Stellprobe fand ich das Gelände zu überladen und habe das Gebäude lieber für spätere Projekte eingelagert. Auch hier hat sich wieder der alte Modellbahner-Spruch bewahrheitet: Weniger ist Mehr!

Die Brauerei und das Gelände

Auch hier werden die Gebäude nochmals zur Probe aufgestellt und ihre Konturen auf den Boden gezeichnet. Hierbei stellte es sich heraus, dass die Brauerei durch ihre Größe das Kühlhaus zu sehr verdeckt, wenn man die Szenerie von der Anlagenmitte aus betrachtet. Also wurden, im Gegensatz zum ursprünglichen Plan, die Plätze der beiden Gebäude vertauscht.

Die Laderampe

Die im Bausatz mitgelieferte Laderampe der Brauerei war nur für den LKW-Verkehr vorgesehen und passte nicht zum Bahnanschluss. Folglich musste eine entsprechende Rampe selbst angefertigt werden, die aus Mauerplatten und Evergreen-Profilen gebastelt wurde. Diese Rampe wird nun nach ausgiebigen Versuchen mit den vorgesehenen Waggons und Loks möglichst nah ans Gleis positioniert und verklebt.

Grasbüschel in der Farbe Spätherbst sind für fast alle Szenarios mit Industriecharakter der ideale Bewuchs an Mauern und Rampen. Sowohl die kurze, als auch die lange Ausführung kann fast überall eingesetzt werden. So wird auch unsere Verladerampe mit diesen Büscheln „eingerahmt".

Nachdem die rechte Seite des Brauereigebäudes noch mit Grasbüscheln Frühherbst, hier kommt angenommener weise nicht soviel Sonne hin und es ist feuchter, verschönert wurde, wird wieder auf das Sortiment von Preiser zurück gegriffen. Bierkästen, Fässer und Holzkisten werden zum Teil nach coloriert und mit den richtigen Figuren „zufällig" auf und an die Rampe geklebt.

Was wäre eine Brauerei, die ihr Bier auch in Flaschen abfüllt, ohne Scherben? In unserem vorliegenden Fall werden sämtliche Glasscherben in einem Haufen auf dem Hof gesammelt, um irgendwann einmal als Altglas wieder an die Glasfabrik zurück zu gehen. Im Vorfeld der 150-Jahr-Feier, dies ist die Geschichte hinter den Szenarien, sollte zwar Alles in und um die Brauerei in einen sauberen und aufgeräumten Zustand gebracht werden, jedoch hatten die Mitarbeiter mehr als genug mit der Produktion zu tun. Ein sehr heißer Sommer sorgte für den überdurchschnittlichen Absatz des köstlichen Gerstensaftes und man fand für das Aufräumen keine Zeit. Umsatz geht vor!

Diese, natürlich erfundene, Hintergrundgeschichte bietet die Gelegenheit, den Hof der Brauerei in einem zwar aufgeräumten, aber nicht blitzblanken Zustand zu zeigen.

Der Altglas-Sammelplatz

Zahnstocher, kurz in ASOA-Beize gelegt, werden im Kopfsteinpflaster verbohrt und verklebt.

Vom Schreiner um die Ecke wurden Furnierreste erbettelt und ebenfalls in Beize eingelegt. Diese kleinen Brettchen dienen als Begrenzung für unseren Bruchglashaufen.

Ein Stückchen Hartschaum wird passend zurecht geschnitten und in die Umfriedung eingeklebt. Etwas grüne Farbe wird auf das Hartschaumstückchen aufgemalt und verdünnter Holzleim aufgestrichen. Die „Glassplitter", die in den Leim eingestreut werden, stammen aus dem Faller Winterset, wo sie für die Reflexion des Lichtes auf gefrorenem Schnee dienen.

Der Schrotthaufen

Da bei einem Teil-Umbau der Produktion auf Weißbier einige Leitungen ersetzt werden mussten, ist leider auch eine Menge Schrott angefallen. Dieser sollte zwar vor der Jubiläumsfeier noch weggeräumt werden, aber...........

Die Gelegenheit, einen Schrotthaufen zu zeigen. Mit seinem Rostrot sorgt er für einen kräftigen Farbtupfer auf dem Gelände und hilft, das Szenario interessanter zu gestalten.

Die Restekiste bietet in aller Regel jede Menge Rohre, Profile und sonstige brauchbare Sachen. Alles wird in einem dunklen Rostbraun angepinselt und mehr oder weniger unordentlich auf einen Haufen geklebt. Jetzt kommt noch die helle Rostfarbe aus dem Set von Kremer-Pigmente zu ihrem Einsatz und der Boden des Platzes sieht genauso verrostet aus wie der Schrotthaufen. In unserem Fall würde zwar noch eine Menge Kupfer- und Edelstahlschrott von den alten Bierleitungen und Kesseln herumliegen, jedoch hat der örtliche Schrotthändler bereits die „besten" Stücke entsorgt.

Der Lagerplatz am Teich

Weitere Kisten, Bretter und Fässer werden auf der linken Seite, nahe dem Feuerlöschteich, malerisch verteilt. Zusammen mit den paar kleinen Grasbüscheln, dem fast zugewachsenen Prellbock und dem alten Kran im Vordergrund bilden sie die Details, die auch diese Ecke unaufgeräumt und damit lebendig erscheinen lassen.

Das Kühlhaus

Wie schon weiter vorne erwähnt, hat unser Brauerei-Besitzer auch ein Kühlhaus für Stangeneis und den eigenen Bedarf auf dem Gelände errichtet. Dieses Gebäude wird, genau wie die Brauerei, mit Grasbüscheln an der unteren Kante dem Hof angepasst und mit etwas „Leben" versehen. Ein Arbeiter, der gerade eine Flasche Bier trinkt (Preiser), steht auf der Rampe. In einer Brauerei war zumindest damals das Trinken von Bier während der Arbeitszeit nicht verboten; schließlich galt Bier als Lebensmittel.

Einige Filigranbüsche am Mauerrand gesetzt, sowie ein Tor über dem Gleis ergänzen das Ensemble, Vor der Bahneinfahrt wird noch eine knorrige Buche gepflanzt und wieder ist ein Bereich fertig gestellt.

Die gesamte Szene noch einmal von der linken Seite und von rechts.

Der Bauernhof

Auf dem rechten Teil des Anlagensegments dominiert die Landwirtschaft und ganz rechts findet ein kleiner Bauernhof seinen Platz. Im Kapitel Straßen, Wege und Plätze wurde bereits gezeigt, wie der Boden des Anwesens entstanden ist. Jetzt sind die Gebäude und die notwendigen „Kleinigkeiten" an der Reihe.

Alle Gebäude werden noch einmal zur Probe aufgestellt und zum Teil neu arrangiert.

Ein wichtiges Detail, was auf keinem Bauernhof fehlen darf sind

Der Misthaufen und die Güllegrube

Der Mist des Viehs und die Abfälle aus der Küche bilden den Inhalt des Misthaufens und damit das „Gold des Bauern", das dringend zur Düngung der Felder benötigt wurde. Kunstdünger war zu dieser Zeit noch sehr teuer und von vielen Kleinbauern fast nicht zu bezahlen. Deshalb maß man dem Misthaufen und der damit verbundenen Güllegrube eine sehr hohe Bedeutung zu. Da im Zubehörhandel meines Wissens kein Bausatz für dieses typische Ausstattungsteil erhältlich ist, nachstehend eine kleine Anleitung für den Selbstbau.

Aus den Spörle-Formen Rampensockel, Naturstein, Best.-Nr.: 1051, werden die seitlichen Mauerteile abgegossen und entsprechend der gewünschten Größe des Misthaufens eingekürzt. Ein Probestellen auf dem Hof, natürlich sind die Teile noch zu hoch, zeigt die Wirkung.

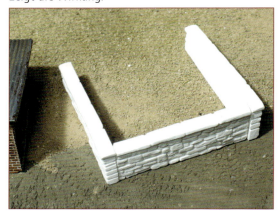

Wenn die Proportionen dem Auge zusagen, werden die Mauerteile auf dem Untergrund angezeichnet und mit dem Cuttermesser werden entsprechende Ausschnitte gefertigt.

Nachdem die drei Teile in die Vertiefungen eingesetzt sind, überprüft ein Preiser-Landwirt die richtige Höhe.

Nun geht es an die farbliche Gestaltung der Umfriedung des späteren Misthaufens. Da die Felsen in der näheren Umgebung aus rotem Sandstein bestehen, ist anzunehmen, dass unser Bauer sich im nächsten Steinbruch mit den notwendigen Bruchsteinen versorgt hat. Also kommt wieder die Farbe Sandstein rot von Heki zum Einsatz. Wie bei der Stützmauer am Weizenfeld wird auch hier die Colorierung vorgenommen. Die Abdecksteine sind wieder aus Beton gegossen und werden entsprechend grau angemalt.

Die Innenseite des Mauerwerks ist verputzt worden, damit die Gülle nicht in die Fugen dringen kann. Eine Mischung aus Weiß und etwas Ocker stellt die Farbe des verputzten Bereichs dar.

Ein kleines, sehr wichtiges Detail: Damit die Gülle nicht den ganzen Bauernhof in eine stinkende Feuchtlandschaft verwandelt, wurden Misthaufen früher mit einer tiefer liegenden Betonwanne ausgestattet, in die gleichzeitig der Abfluss zur Güllegrube eingebaut war. Dies muss im Modell auch dargestellt werden. Aus dem Untergrund wird mit dem Cuttermesser die nach unten führende Rampe im Winkel von ca. 10° ausgeschnitten und mit Gips oder Spachtelmasse glatt gezogen.

Anschließend werden die Mauerteile, deren Fugen noch mit einem sehr dünnflüssigen Graugrün ausgefüllt wurden, in die entsprechende Position geklebt.

Ein passend zugeschnittenes Stück Hartschaum hilft bei den folgenden Arbeitsgängen Material zu sparen und wird entsprechend eingeklebt.

Der Betonuntergrund wird wieder mit der Heki-Farbe angestrichen und das Stück Hartschaum mit einem matten Braunton versehen. Dabei kann man sehr vorsichtig nass in nass den Beton leicht bräunlich einfärben, dies spart die spätere Alterung.

Jetzt wird Mist gemacht. Ähnlich den Kuhfladen auf der Weide wird der Mist angemischt. Wieder nehmen wir kurze Grasfasern und vermischen sie mit olivgrün und brauner Farbe. Mit einem kleinen Spachtel wird diese Masse dann auf dem Styrodur innerhalb der Umrandung verteilt

Einem Teil der Farben/Faser-Masse wird zusätzlich etwas Rot beigemischt und dann an einigen Stellen auf die vorher aufgetragene Masse gegeben. So erhält der Betrachter den Eindruck von unterschiedlich altem Mist.

Mit einem weichen Pinsel wird nun eine stark verdünnte Brühe aus grün-schwarzer Farbe über den Haufen und in der Betonwanne verteilt. Etwas sparsamer kann man auch das Mauerwerk mit dieser Farbe altern. In die frische Farbe können nun noch gelbgrüne Grasfasern eingestreut werden.

Jetzt muss noch die Güllegrube mit ihrem Zulauf vom Misthaufen gebaut werden. Furnierreste werden in Form von kleinen Brettern zugeschnitten und in Beize, zum Beispiel ASOA, „verwittertes Holz", gelegt. Ein Cuttermesser hilft wieder beim nachträglichen Ausschneiden des Zulaufs und der eigentlichen Grube. Hier wird nur 1 bis 2 mm tief „ausgehoben". Schwarze Farbe wird in die Vertiefungen gestrichen und sorgt so für den Eindruck von Tiefe.

Zwei der gebeizten „Bretter" werden mit Alleskleber auf den Ablauf vom Misthaufen und der Rest auf die Grube geklebt.

Auf die Grube gehört jetzt noch das berühmt-berüchtigte Plumpsklo. Nachdem dies auch fixiert worden ist, wird noch etwas Gartenerde an die Bretter der Abdeckungen gefegt und mit etwas verdünntem Mattkleber fixiert.

Einige Grasbüschel werden noch am Rand auf dem Misthaufen verteilt, zwei Hühner scharren nach Lebendfutter und der Knecht kommt gerade mit einer frischen Karre Mist aus dem Stall; fertig ist das „anrüchige" Bauernhofidyll!

Der Kannenbock

Nicht direkt auf dem Bauernhof, aber unbedingt erforderlich, ist ein Kannenbock, auf dem die vollen Milchkannen zum Abtransport in die Molkerei gestellt wurden. Der Milchwagen holte früher die vollen Kannen an der Straße ab und brachte die leeren Kannen, in denen dann meistens auch Käse, Butter und andere Molkereiprodukte steckten, zurück.

Dieser Bock stand an einer Straße, an der Zufahrt zum Hof, damit der Milchwagen nicht jeden Bauernhof anfahren musste. Aus Furnierresten ist diese kleine Bastelei schnell und einfach zu bauen. Im Prinzip werden nur 2 kleine Stückchen Furnier für die Füße und ein etwas größeres Stück für das Brett benötigt. Mit Holzleim oder Sekundenkleber werden die Teile verklebt und einige Milchkannen, zum Beispiel von Preiser, oben drauf fixiert.

Auf den Hof gehört noch ein Brunnen. Auch hierfür hat Preiser das passende Teil im Sortiment. Etwas graue Betonfarbe für den Trog und helles Braun für den Schwengel mit dem Steigrohr lassen den Plastikglanz verschwinden. Ins Becken kommt wieder Window Color kristallklar als spiegelnde Wasserfläche. Um den Trog werden ein paar flache Steinchen verteilt und mit kleinen Grasbüscheln der Bewuchs dargestellt.

Ein alter knorriger Baum, in unserem Fall eine Eiche, die meine Frau passend für diesen Standort gebaut hat, wird eingepflanzt und im Wurzelbereich mit ein paar Grasbüscheln und Laubresten versehen.

Jetzt noch ein paar Blumen auf die Fensterbank des Wohnhauses und in einen Blumenkübel geklebt und der Bauernhof wartet nur noch auf seine Bewohner.

Rückseiten

Die Rückseiten der Scheune und das Hühnerstalls, die der vorderen Anlagenkante zugewandt sind und stechen jedem Betrachter sofort ins Auge, sehen noch viel zu kahl aus. Hier kann nun kräftig mit Laub als Efeu gearbeitet werden. Die Gewebestücke werden unregelmäßig zugeschnitten und mit Alleskleber an den Wänden fixiert. Da Efeu sich auch auf dem Boden ausbreitet, werden nach dem Begrünen der Wände, noch einige Streifen der gleichen Laubsorte davor auf der Wiese verklebt. Einige Büschel Mini-Foliage sorgen für die satten grünen Farbtupfer.

Einbetten von Gebäuden in den Untergrund

Häufig sieht man auf Modellanlagen, dass die Gebäude an einigen Punkten scheinbar in der Luft schweben. Dies zerstört die gesamte Optik der ansonsten meist gut gestalteten Szene!

Hier kann sehr einfach Abhilfe geschaffen werden. Zwei verschiedene Möglichkeiten werden im Folgenden als Beispiele aufgezeigt.

Kaschieren mit Grasbüscheln

Die Scheune am Bauernhof zeigt einen Luftspalt auf der linken Vorderseite, neben dem Schiebetor. Einige kurze Grasbüschel, am Besten auf der Trägerfolie bereits einseitig gerade geschnitten, werden dicht an die Wand geklebt.

Man kann ohne Weiteres auch einige hohe Grasbüschel mit verarbeiten, aber bitte nicht übertreiben und daran denken, dass das Schiebetor frei bleiben muss.

Kaschieren mit Gartenerde

Am Wohngebäude des Bauernhofs wächst vermutlich nicht soviel Gras, um den Spalt zu verbergen; dies ist aber abhängig von der Ordnungsliebe der Bauersfrau. An dieser Stelle bietet es sich an, die gleiche Erde, oder in anderen Fällen den gleich Streu, wie auf der Umgebung, zu verwenden.

Mit einem kleinen Pinsel wird verdünnter Mattkleber oder Holzleim (Mischungsverhältnis ca. 1:6 und 1 Tropfen Netzmittel) vorsichtig in den Spalt gebracht (Auch ich habe nicht immer eine ruhige Hand, wie man auf den Fotos erkennen kann).

Das an der Wand haftenden Leimgemisch wird vorsichtig mit einem nicht fusselnden, saugfähigen Lappen abgetupft. Vor das Gebäude wird die Erde, in der feinsten gesiebten Ausführung, geschüttet und mit einem weichen, trockenen Pinsel regelrecht angefegt.

Auf einem Bauernhof im Modell muss man nicht zu sorgfältig arbeiten, da der Boden durch Einwirkung von Regen, Fahrzeugen, Vieh und Ähnlichem mit Sicherheit nicht eben ist. Nebenbei, es ist Erntezeit und der Bauer und seine Mitarbeiter haben Besseres zu tun, als den Hof in einem gepflegten Zustand zu halten. Dafür ist wieder im Winter Zeit!

Die Geschichte der Anlage

An einem Samstag im August 1960 fahren wir mit dem typischen Vertreter der „modernen Traktion", einem Schienenbus VT 98, durch ein kleines Tal irgendwo in Franken im Großraum Nürnberg.

Leider können wir den Zugführer nicht überreden, uns auf der Strecke ab zu setzen und uns bleibt nichts anderes übrig, als am nächsten Bahnhof auszusteigen und über die Landstraße zur Brauerei zu wandern. Am Bahnübergang müssen wir einen Augenblick warten, da gerade eine V 36 mit mehreren Güterwaggons unterwegs ist.

Während der Wartezeit fällt uns ein Transparent, das quer über die Straße gespannt ist ins Auge: „Herzlich Willkommen – 150 Jahre – Tien-Brauerei". Kaum haben wir das Gleis überquert und folgen weiter der abknickenden Landstraße sehen wir nicht weit entfernt einen Biergarten. Es herrscht viel Betrieb und auf der Straße stehen ein paar wunderschöne Oldtimer.

Schnell haben wir den Biergarten erreicht und suchen uns ein freies Plätzchen unter der großen alten Eiche.

Bei einem kühlen Bier lernen wir einen Einheimischen kennen; wie sich später heraus stellt, ist er der Vorsitzende des Oldtimer Clubs. „Diese neue Biersorte schmeckt wirklich hervorragend! Bayern und Holland können gemeinsam doch was erreichen!", sagt er zu uns und trinkt dabei aus einem ungewöhnlichen, hohen Glas. Unsere Neugierde ist geweckt und wir lassen ihn nicht eher in Ruhe, bis er uns den Grund für die fröhliche Feier im Brauereiausschank erzählt. Nach und nach entlocken wir ihm, unterstützt durch einige Gläser Gerstensaft, die ganze Geschichte.

Es begann 1810, damals wurde die Brauerei unter dem Namen Eichenbräu gegründet. Der damalige Besitzer pflanzte zur Grundsteinlegung eine Eiche, die der Brauerei den Namen gab und unter der wir heute im Schatten sitzen. Im Laufe der Jahrzehnte wurde das Geschäft immer an den ältesten Sohn weitergegeben und bald war das gute Bier in der Umgebung sehr beliebt. Bis vor einigen Jahren niemand mehr in der Familie war, der die Brauerei weiterführen wollte. Es kam zum Verkauf und ein Holländer erhielt den Zuschlag. Man kann sich vorstellen, was dies in der Region für Folgen hatte: „Ein Holländer, der deutsches Bier brauen will! Das kann nicht gut gehen!" zu allem Überfluss benannte der neue Besitzer die Brauerei auch noch um, da er

seinen Namen im Firmenschild sehen wollte. Es führte dazu, dass der Absatz immer schwächer wurde. Nachdem Mijnheer van Tien eingesehen hatte, dass selbst die beste Werbung nichts nutzt, um gegen Vorurteile anzukämpfen, stellte er schließlich einen bayerischen Braumeister ein und übergab ihm die Verantwortung für die Produktion. Langsam ging es mit der Brauerei wieder aufwärts. Die Eiche wurde wieder in das Firmenzeichen aufgenommen und die Leute behaupteten, dass das Bier jetzt wieder bedeutend besser schmeckte.

Als wieder genügend Geld in die Kasse gekommen war, wurde eine große Investition getätigt. Das Kühlhaus wurde gebaut. In den 1950er Jahren war es noch üblich, im Winter auf den zugefrorenen Seen Eis zu „ernten", dass dann in Eiskellern im Berg gelagert wurde. Jedoch reichten die Vorräte meist nicht über den Sommer und so musste Stangeneis aus Norwegen importiert oder bei gewerblichen großen Kühlhäusern, vornehmlich in Hamburg, gekauft werden. Dies brachte den geschäftstüchtigen Holländer auf die Idee, ein eigenes kleines Kühlhaus auf dem Gelände der Brauerei bauen zu lassen.

Das für die damalige Zeit hochmoderne Kühlhaus war bereits mit den neuesten Kältemaschinen ausgestattet, die mit den so genannten FCKWs betrieben wurden und nicht mehr das giftige Ammoniak als Kühlmittel benötigten (deshalb fehlt auch der typische Tank außerhalb). Mit dem eigenen Bedarf an Eis war das Kühlhaus allerdings nicht ausgelastet und so konnte bald neben den Bierspezialitäten auch Stangeneis verkauft werden. Dadurch wurde der eigene Bahnanschluss noch wichtiger. Im vergangenen Frühjahr wurde die Bierproduktion modernisiert und man begann Weizen-Bier als Neuheit mit ins Programm auf zu nehmen. Die alten Eisenrohre und der andere Stahlschrott vom Umbau sind noch auf dem Hof der Brauerei zu sehen.

Jetzt, zum 150-jährigen Bestehen hat Mijnheer van Tien zum Tag der offenen Tür eingeladen. Leider gibt es bei dem sparsamen Holländer kein Freibier!

Soweit die Geschichte, die uns der freundliche Tischnachbar erzählt hat. Wir wollen uns ein wenig die Füße vertreten und verlassen den Biergarten. Die geparkten Oldtimer faszinieren uns und wir lauschen den stolzen Besitzern bei ihren Erklärungen

über die Eigenarten und Vorzüge der verschiedenen Automarken. Der Eigentümer des Opel Landaulet Coupé's erklärt gerade in äußerst lässiger Pose zwei Zuhörern die bessere Alltagstauglich seines Fahrzeugs gegenüber einem Mercedes SSK. Seine Argumente scheinen nicht sehr überzeugend zu sein, oder warum applaudieren diese Beiden mehr oder minder ironisch?

Lässig hockt der Fahrer des Mercedes SSK auf der niedrigen Tür seines Fahrzeugs und schwärmt von der unglaublichen Leistung des Kompressor-Motors. Seine Zuhörer scheinen wirklich interessiert zu sein. Im Gegensatz zur Beifahrerin, die diese Ausführungen schon zigmal gehört hat, während Sie in Richtung Biergarten geht und den Kindern auf dem Klettergerüst zuwinkt.

Etwas oberhalb des Eingangs ist ein VW-Bus geparkt. Wegen des Kennzeichens vermuten wir, das unter Anderem hiermit die bayerischen Freunde des Braumeisters gekommen sind, um ihrem Spezi, dem Hubinger Xaver, zum Erfolg zu gratulieren und natürlich seine neue Bierspezialität ausgiebigen „Tests" zu unterziehen.

Da der Besitzer zum Tag der offenen Tür eingeladen hat, wenden wir uns der Brauerei zu. Leider dürfen wir im Inneren des Gebäudes keine Fotos machen, und so beschränken wir uns auf einen Rundgang auf dem Fabrikhof.

Von Weitem hören wir bereits den Versandleiter: „... wie oft soll ich dir noch sagen, dass man Bierkästen nicht auf der Schulter trägt? Hast du nicht schon genug Scherben produziert? In Zukunft ziehe ich dir das von deinem Deputat ab!" Als wir um die Ecke biegen, sehen wir auch den Grund für diese Schreierei: Der „Halbstarke" muss mal wieder zeigen, was für ein toller Kerl er ist. Der Kollege auf der Laderampe, der sich auch schon mehrfach über den Rocker aufgeregt hat, zeigt unverhohlen seine Schadenfreude, während ein anderer Mitarbeiter fleißig weiter Kästen von der Rampe räumt.

Aus einiger Entfernung beobachten der Prokurist und der Braumeister diese Szene. Der für das Kühlhaus zuständige Arbeiter wärmt sich nach seiner kalten Tätigkeit erst einmal auf der Laderampe wieder auf und trinkt derweil erst einmal in Ruhe eine Flasche Bier. Rechts auf dem Hof liegt ein großer Haufen Schrott, der vom Umbau der Produktion übrig geblieben ist. Wir vermissen die Kupfer- und Edelstahl-Teile in diesem Gewirr von Leitungen und Trägern, wahrscheinlich ist der Edelschrott schon vom Alteisenhändler abgeholt worden. Wir wenden uns nach links und sehen den Scherbenhaufen. Ob dies Alles vom Halbstarken „produziert" wurde? Ein uralter Verladekran steht direkt am Ladegleis; da er noch nicht mit einem Motor ausgerüstet wurde und ziemlich verrostet aussieht, vermuten wir, dass er lange nicht mehr benötigt wurde. Wahrscheinlich steht im kleinen Schuppen ein moderner Gabelstapler, der beim Verladen auch den Kran ersetzt.

Unser Rundgang führt uns weiter in Richtung Feuerlöschteich und wir kommen am alten Prellbock vorbei, der mit seinem Pflanzenbewuchs fast schon romantisch wirkt. An den Kisten und Brettern vorbei gelangen wir zum Durchgang zum Teich. Weiden haben sich hier ausgebreitet und die große Trauerweide zwingt uns den Kopf ein zu ziehen, bevor wir am Wehr anlangen. Ein Mann dreht gerade das Schott hoch, um den Wasserspiegel etwas ab zu senken. Wie wir erfahren, gibt es ein Problem mit der wasserdurchlässigen Uferzone und der Feuchtigkeit im Brauereikeller. „Der Chef würde am Liebsten den Teich trockenlegen, aber die Brandschutzversicherung gibt erst dann ihr Einverständnis, wenn die Kanalisation fertiggestellt ist. Solange müssen wir halt den Wasserstand von Hand regeln." Gerade zuckelt ein Glaskasten mit zwei Waggons über den Wasserdurchlass am Wehr und die beiden Anwohner des Dorfes, die nach dem Einkauf wieder einmal die Trasse als Abkürzung benutzen, können gerade noch den Trampelpfad erreichen. Das wütende Pfeifen des Lokführers scheint sie nicht sonderlich zu interessieren. Oberhalb, am Pfad, sehen wir ein Liebespärchen, dass wohl dem Trubel im Biergarten entflohen ist. Hoffentlich vergessen die beiden nicht, dass irgendwann der Reisebus wieder abfährt.

Auch wir machen uns wieder auf den Rückweg zum Brauereiausschank. Als wir die Landstraße überqueren sehen wir zwei junge Damen hoch zu Ross, die Richtung auf das Fest genommen haben. Ist es das Bier oder die Hoffnung auf eine gute Partie, Oldtimerbesitzer sollen nicht unvermögend sein, die ihr Interesse geweckt haben? Ein einsamer Wanderer auf dem Weg im Kiefernwald hat eine Pause eingelegt und beobachtet die Szene.

Über die Rhododendronstauden hinweg schauen wir dem Treiben auf dem Weizenfeld zu. Aus irgendeinem Grund scheint die Ernte zu stocken. Vermutlich ist das Reservoir im modernen Claas-Mähdrescher voll und man wartet auf den Anhänger, der den Weizen abtransportieren soll. Dies nutzt der Lohnunternehmer, um mit dem Nachbarbauern über die Ernte auf dessen Feldern zu verhandeln, oder diskutiert man über die Möglichkeit, sich auch ein Bier zu gönnen? Jedenfalls gibt uns das die Gelegenheit den Mähdrescher näher zu betrachten.

Wir gehen weiter und biegen links in den Feldweg ein. Direkt an der Straße sehen wir einen Bock, auf dem Milchkannen darauf warten, vom Molkereifahrzeug abgeholt zu werden. Der leicht abschüssige Feldweg führt uns an einer wilden Wiese vorbei zu einem Kleefeld. Hier scheint die Mahd kurz bevorzustehen, der Klee ist bereits sehr hoch, aber noch saftig grün. Der uns entgegenkommende Knecht mit dem Ochsengespann erzählt uns, dass neben Heu das wichtigste Viehfutter Klee ist. Er habe aber schon davon gehört, dass einige Bauern angefangen haben, Mais anzubauen, der besser geeignet wäre, um das Rindvieh satt zu kriegen. Der bekannteste Nachteil von Klee würde damit entfallen. Auf unsere Frage als Städter, welchen Nachteil Klee denn hätte, murmelt er etwas, das wir am Besten mit „Blähungen" übersetzen. Der Tierarzt wäre ja auf allen Höfen Dauergast und das dauernde Anstechen des Pansens wäre bestimmt nicht gut für die Tiere. Wir fragen lieber nicht weiter nach und verabschieden uns von unserem Gesprächspartner.

An der Weggabelung müssen wir uns entscheiden, ob wir in Richtung Fichtenwald weiter gehen, oder lieber durch die Betonunterführung unseren Weg fortsetzen. Wir entscheiden uns für den Weg zum Weiher. Als wir aus der Unterführung wieder ans Tageslicht gelangen, sehen wir noch einen Glaskasten mit dem Brauerei-Waggon über das Gleis rumpeln. Am Weiher geben sich zwei Angler ihrem Hobby hin. Auf Grund der modernen Kleidung und Ausstattung vermuten wir, dass es sich um zwei gut betuchte Stadtmenschen handelt, die beim Angeln ihre Entspannung suchen. Während der Eine lieber vom Rand des Teichs seinen Wurm badet, hat der Andere den alten Kahn ausgewählt. Gerade zeigt er stolz seinem Kollegen am Rand, welch großer Fang ihm geglückt ist. Dabei scheint er vergessen zu haben, dass man sich nicht unbedingt in einem kleinen Boot stellen und dabei heftige Bewegungen machen sollte. Die kreisförmigen Wellen rund ums Boot verheißen nichts Gutes.

Als wir uns dem Kartoffelacker nähern, sehen wir die Tochter des Bauern mit einigen Gänsen auf dem Weh zum Weiher. Sie wird von den Anglern bestimmt nicht herzlich willkommen geheißen. Die Frühkartoffeln haben bereits verwelktes Kraut und werden bestimmt in den nächsten Wochen gerodet. Auf der Weide, links vom Weg, ist die Magd gerade dabei, die Kühe zu melken. Eine alte Badewanne dient hier als Tränke und das spärliche Gras rund um die Wasserstelle lässt darauf schließen, dass das Rindvieh bereits längere Zeit auf dieser Weide steht. Einzelne hohe Grasbüschel wurden von den Wiederkäuern verschmäht aber die Hinterlassenschaften der Verdauung sind überall zu sehen. Auf dem Hof erblicken wir die nächste Szene: Ein Landmaschinen- und Antiquitätenhändler aus Augsburg versucht gerade dem Altbauern seinen restaurierten Pflug ab zu schwatzen. Der Hofhund traut der ganzen Sache nicht so richtig und hat sicherheitshalber neben dem Opa Stellung bezogen. Die ganze Angelegenheit ist eine willkommene Abwechslung und auch die Bauersfrau, die gerade den Bereich um den Brunnen gefegt hat, hört aufmerksam zu. Wir wissen nicht, wie die Verhandlung ausgegangen ist, da wir uns dem rechten Trampelpfad, vorbei am Misthaufen zuwenden. Da die Kühe gerade auf der Weide sind, nutzt der Knecht die Gelegenheit den Stall aus zu misten. Vom Misthaufen läuft eine mit ein paar Brettern abgedeckte Rinne zur Güllegrube, auf der auch das Plumpsklo steht. Der heftige Geruch lässt uns schnell weitergehen und wir nutzen den Weg, um zurück zum Bahnhof zu gelangen, da unser Zug für die Heimfahrt bald abfährt. Ein letzter Blick zurück auf die wunderschöne Gegend beschließt einen sonnigen Samstag auf dem Lande.

Herstellerverzeichnis

Anita Decor	Farben, Schotter, Landschaftsmaterial	Langmesser-Modellwelt
Faller	Gebäude-Bausätze, Zubehör	Fachhandel
Noch	Landschaftszubehör	Fachhandel
Heki	Landschaftszubehör	Fachhandel
Spörle	Gipsformen	Werkstatt Spörle, Belsenstr. 19, 40545 Düsseldorf
miniNatur	Landschaftszubehör	Langmesser-Modellwelt
Weinert	Ätzteile, Zurüstteile, Messingbausätze	Weinert Modellbau, Mittelwendung 7, 28844 Weyhe-Dreye
Tillig	Gleismaterial und Zubehör	Fachhandel
ASOA	Farbpigmente, Schotter, Zubehör	Fachhandel
Marks Metallmodellclassics	Landwirtschaftl. Geräte, Autos	Marks Metallmodellclassics, Burgstr. 5, 95111 Rehau (oder Langmesser-Modellwelt)
Preiser	Figuren, Zubehör	Fachhandel
Langmesser-Modellwelt	Resinbausätze, Landschaftszubehör	Langmesser-Modellwelt, Am Schronhof 11, 47877 Willich
Marabu	Fenstermalfarben, Sprühfarben	Fachhandel
Eisenbahn-Fachbuch-Verlag	Fachliteratur, Hintergründe	Eisenbahn-Fachbuch-Verlag, Meilschnitzer Str. 35, 96465 Neustadt bei Coburg
Hartschaumplatten		Baustoffhandel
Kleber		Baumarkt, Fachhandel
Werkzeuge		Fachhandel, Baumarkt

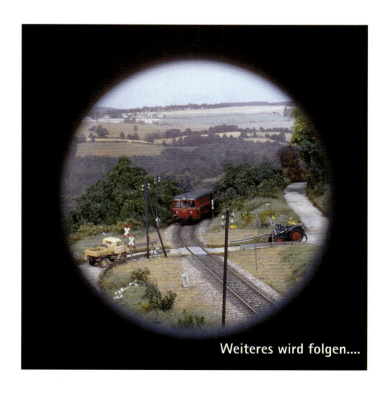

Weiteres wird folgen....

Profitipps für die Praxis
von MIBA und Eisenbahn-Journal

Hier dreht sich alles um die Methoden und Mittel bei der Landschaftsgestaltung: Geländemodellierung und Begrünung, die Herstellung „echt" wirkender Nadel- und Laubbäume, Büsche und niedriges Gestrüpp, das Anlegen eines Baches oder einer Felsformation, Gartengestaltung und vieles mehr. Mit vielen beispielhaften Landschaftsszenen im Modell.

84 Seiten mit mehr als 200 Bildern
Best.-Nr. 150 87432 · € 10,–

Von der Entstehung der Geländestruktur mit Styropor und Bauschaum über die elektrostatische Begrünungsmethode bis hin zu verschiedenen Möglichkeiten der Gewässergestaltung oder dem Eigenbau von Laub- und Nadelbaummodellen. Hilfreiche Tipps und Kniffe aus der Profiwerkstatt werden ebenso wenig verschwiegen wie Missgeschicke und Irrwege.

92 Seiten mit über 180 Bildern
Best.-Nr. 680501 · € 13,70

Bitte fordern Sie unser aktuelles Verlagsprogramm an!

Erhältlich beim Fachhandel oder
direkt beim VGB-Bestellservice
Am Fohlenhof 9a • 82256 Fürstenfeldbruck
Tel. 0049 - 81 41 / 5 34 81-0
Fax 0049 - 81 41 / 5 34 81-33
bestellung@vgbahn.de

**Dioramen- und Szenenbau
Ausgestaltung von Anlagen**

Seminare
  Landschaftsgestaltung
  Modell-Bäume

Resinbausätze
  Serie „.....wie in echt"
  Serie ERMO

Modellbäume und Bausätze
  Serie „.....wie in echt"
  Serie Modellflora Budde

**Zubehör für die
Landschaftsgestaltung**
  u. a. MiniNatur / Silhouette
  Anita-Decor

Fahrzeugmodelle aus Metall
  Saller
  Marks Metallmodellclassics

Fachbücher
  Eisenbahn-Fachbuch-Verlag

"...wie in echt"

Langmesser-Modellwelt
Wolfgang Langmesser · Am Schronhof 11 · 47877 Willich
Telefon/Fax +49 (0) 21 56 / 10 93 89
E-mail: info@langmesser-modellwelt.de
www.langmesser-modellwelt.de

MODELLBAHNPRAXIS

Rolf Knipper
Digitalpraxis für die Modellbahn
Band I - Grundlagen für den digitalen Fahrspaß

17 x 24 cm, Hardband, 160 Seiten, durchgehend 4-farbig
ISBN 3-9807748-3-X, EUR 19,90

Intellibox, IB Switch, Motorola oder DCC Funktionsdecoder, Loksound, Digitaldecodereinbau u.v.a.m. – mit einem unwahrscheinlich komplexen Thema wird der Modellbahner bei der Digitalisierung seiner Modellbahnwelt konfrontiert.

Der bekannte Autor und Anlagenbauer Rolf Knipper erklärt an den Anlagenprojekten Elberfeld (DCC) und Kottenforst (Motorola) die fachgerechte Digitalisierung der Modellbahn. Unterstützt wird der Autor durch Uhlenbrock-Elektronik, mit dessen umfangreicher Produktpalette die Projekte ausgestattet sind. Die Ausrüstung der Anlagen wird ausführlich erläutert, bevor der fachgerechte Einbau der Komponenten und Lokdecoder erklärt wird.

Das Buch wurde mit zahlreichen Aufnahmen vom Bau der Anlagen sowie vielen Zeichnungen und Skizzen versehen, damit die einzelnen Schritte einfach nachvollzogen werden können. Ein Praxisratgeber für Anfänger und Fortgeschrittene!

Rolf Knipper
Digitalpraxis für die Modellbahn
Band II - Betriebspraxis

17 x 24 cm, Hardband, 160 Seiten, durchgehend 4-farbig
ISBN 3-9807748-6-4, EUR 19,90

Im zweiten Band werden eingehend Details und praktische Besonderheiten beschrieben; handelt es sich dabei um die Betriebspraxis. Was passt zusammen und wie konfektioniert man ganz realistisch anhand der HO-Anlage „Elberfeld" die digitale Ausrüstung? Im Mittelpunkt steht dabei der Automatikbetrieb mit seinen zahlreichen Facetten. Hier wird zum ersten Mal das neue Zugerkennungssystem LISSY von Uhlenbrock in der Praxis vorgestellt. Was kann es und was benötigt man für welche Aufgaben? Ist es wirklich die Alternative zur Computersteuerung? Fragen, auf die der Autor eine Antwort gibt. Natürlich wird der digitalen Computersteuerung und passender Software ein besonderes Kapitel gewidmet sein. Was ist bei der Planung zu beachten und welches System hat sich in der Praxis des Autors bewährt?

Zum Schluss wird es dann um die Lokdecoder gehen. Ein weites Feld; immer wieder gibt es Neuerungen und sogar sensationelle Entwicklungen. Wie steht es aber wirklich damit? Was macht Sinn und was kostet nur Geld? An einigen Beispielen mit einem gewissem Schwierigkeitsgrad wird der Einbau von Lokdecodern detailliert erklärt. Hierbei lässt der Autor nichts aus und zeigt die Schwierigkeiten, aber auch deren Lösungen auf.

Das gesamte Verlagsprogramm finden Sie unter :
www.eisenbahnfachbuch.de